JN319363

世界の駅に行ってみる

谷川一巳

ビジュアルだいわ文庫

大和書房

はじめに――旅の楽しみは駅からはじまる

世界の駅を巡るのは楽しい。鉄道車両を観察したいという目的もあるが、駅の雰囲気を決めるのは、やはりそこを利用する人たちの表情である。

駅にはその国の生活が凝縮されている。ビジネスマンの多い駅、通勤客の多い駅、観光客の多い駅などさまざまで、出稼ぎ、遠い地で暮らす家族に会いに、恋人に会いに、兵役に行く人などもあり、人間模様が多彩である。出会いと別れを演出するのも駅であり、映画のようなシーンを目の当たりにすることだってある。世界の駅巡りは、ガイドブックやテレビなどで散々見ている観光地に行くのとは違った楽しみがあり、その国の素顔に触れることができる。

そもそも私の旅は駅が中心で、宿もまずは駅のそばを考える。パッケージ・ツアーに参加すると「駅のそばは治安が悪いので近づかないように」などといわれるそうだが、それでは旅の意味がない。駅にはさまざまな人がいるので、スリや置き引きなどが多いのは事実かもしれないが、活気があり、観光客相手だけの店が少ないのも事実である。

駅舎、つまり駅の建物を巡るのも興味深い。日本は鉄道が発達しているものの、駅舎を大切にしていない国だと思う。日本で駅舎らしいのは、東京駅丸の内口や門司港駅などわずかである。鉄道会社が民営化されている関係で、駅舎だった土地を売り払い、ホーム直上の橋上駅舎になるか、あるいは駅を商業ビルにしてしまい、機能だけの施設になった。駅らしい駅がないのである。

その点、伝統を重んじるヨーロッパを中心に、駅舎が、駅が最も輝いていたであろう時のままの姿で、現在も使われているのには感心する。しかし、昔のままでは機能的に使いにくくなってしまうので、中身を新しくし、駅の顔だけは昔のままにしている。駅舎が街の顔、そしてランドマークになっている。駅が誕生した頃は、鉄道が最先端のものであったため、その時代の建築の粋を集め、有名建築家によって建てられた駅が多いのである。

一方で、かつて鉄道が基幹交通機関として活躍していたにもかかわらず、航空機や高速道などの発達で衰退してしまった国も少なからずある。しかし、中には鉄道の近代化さえ進めば、鉄道が復活しそうな国もあると考える。そういった国では、鉄道先進国の日本が果たせる役割があるのではとも感じる。

谷川一巳

第1章 西ヨーロッパ
第2章 東・中央ヨーロッパ

世界の駅MAP

第3章 アジア

第4章 アフリカ、オセアニア、アメリカ

世界の駅　目次

第1章　西ヨーロッパ

第2章 東・中央ヨーロッパ

第3章 アジア

第4章 アフリカ、オセアニア、アメリカ

第1章

西ヨーロッパ

フランクフルト中央駅（ドイツ

かつてヨーロッパ大陸側への玄関だった
ロンドン・ヴィクトリア駅（イギリス）

立派な構えのヴィクトリア駅。
格式の高さを今に伝える駅舎である

東京のターミナル駅が、東海道本線方面は東京駅、東北本線など北へ向かう列車は上野駅、中央本線方面は新宿駅と分かれているように、ロンドンの駅も行先によって異なる。

しかし、ロンドンは東京よりずっと細かく分かれており、東京でいえば上野駅発着の東北本線、高崎線、常磐線がすべて別の駅から出発するといった具合だ。ロンドンには主要なターミナル駅が10駅ほどある。東京と異なるのは、東京駅、上野駅、新宿駅はそれぞれが山手線で結ばれているが、ロンドンには山手線に相当する路線がなく、ターミナル駅同士は地下鉄で移動する点だ。

ヴィクトリア駅は比較的距離の短い通勤列車の発着が中心となるが、歴

史がある。英仏海峡トンネルができる以前、この駅はヨーロッパ大陸側への玄関口であった。港のあるドーバーやフォークストンまで列車を利用、そこからフェリーを乗り継いでフランスやベルギーに向かったのである。

当時、多くの外国人観光客にとっては、この駅がロンドンの第一歩だったのだ。

格式高い外観を残し、内部は現代風にするのがイギリス流

航空機が発達する以前はフランス〜トルコ間を運行し、数々の映画の舞台ともなった有名列車「オリエント・エクスプレス」に接続する列車もここを起点とした。現在も往時を偲《しの》ぶために、保存車両で運行される観光列車「ヴェニス・シンプロン・オリエント・エクスプレス」(通称は頭文字をとってVSOE)がロンドン〜フォークストン間とカレー〜パリ〜ヴェネチア間で運転され、ロンドンではヴィクトリア駅を発着する。格式高い車両で編成され、陸の豪華客船といった風格がある。ラフな格好で乗車できる雰囲気ではない。

かつて飛行機がなかった時代、ロンドンからイスタンブールへ向かうなど庶民には叶わなかったはずである。貴族階級がこの駅を出発点に長い旅に出発したことであろう。そんな思いを巡らすのに充分な雰囲気を現在に伝える駅である。

駅舎は歴史を感じさせる重厚なもので、伝統を重んじるイギリスならではの構えだ。しかし、内部はショッピングモールの「ヴィクトリア・プレイス」があり、フードコートやショップが充実していて、格式の高そうな外観と現代風の内部にギャップを感じる。

外観の格式の高さとは裏腹に、
内部は通勤客でごった返す

オリエント・エクスプレスを偲ば
せるノスタルジックトレインも

イギリス最大の乗降客数を誇る

ロンドン・ウォータールー駅（イギリス）

ロンドン主要駅の中で唯一テムズ川右岸にある。英仏海峡トンネルが開通し、「ユーロスター」によってロンドンとパリが鉄道で結ばれた当時は、この駅に併設されたウォータールー国際駅が始発であったが、２００７年からはセントパンクラス駅にその座を譲り、ウォータールー国際駅は閉鎖された。

しかし、国際駅でなくなった現在もロンドンで最も多くの乗降客数を誇る。多くは通勤客で、退勤時ともなると構内は人であふれる。広いコンコースには古くから4面の大時計がぶら下がっていて、その時計の下はロンドンっ子の待ち合わせ場所として有名である。

パリ行きの国際列車「ユーロスター」が発着していた時期には、フランス側か

4面の大時計の下はロンドンっ子の待ち合わせ場所として有名である

ら駅名の変更希望もあったという。「ウォーター ルー」はフランス語にすると「ワーテルロー」となり、「ワーテルロー」は、フランス人にとってはナポレオン部隊がイギリス軍に大敗した「ワーテルローの戦い」と結びついてしまうからであった。

しかし、「ユーロスター」の発着がセントパンクラス駅に変わった現在、そのような問題もなくなったようである。

金融街に出勤するビジネスマンで賑わう
ロンドン・リバプールストリート駅（イギリス）

中心地で金融街でもあるシティの一角にある主要駅で、日本でいえば東京駅丸の内口といった雰囲気、ラッシュ時はスーツに身を固めた通勤客で混雑する。伝統を重んじるイギリスらしく、駅の建築はクラシカルで荘厳なものであるが、その内部に近代的な施設やお洒落なショップが並んでいて、これがロンドンの魅力のひとつである。雨が多いロンドンでも、駅全体が大屋根に覆われていて光だけが内部に差す構造になっているので、雨の日の駅内散策が意外と楽しい。

さすが紳士の国ということであろうか、日本以外で電車通勤するネクタイ姿のサラリーマンをよく目にするのがこのロンドンである。しかし、それでも日本との違いを感じ、ダークスーツであってもネクタイだけは派手なものが好まれていて、色

外観に伝統を残し、内部は斬新にがイギリス流

鮮やかなネクタイを締めているサラリーマンが多い。

　発着する列車はロンドン東部への列車で、やはり通勤列車や近郊列車が中心となるが、ロンドン第３の空港であるスタンステッド空港行き「スタンステッド・スカイ・トレイン」も発着する。この空港はＬＣＣ（格安航空会社）の発着も多いことから、若者などを中心にした航空旅客の利用も多い。

オランダへフェリーで渡るルートも残っている

リバプールストリート駅からはオランダ連絡の列車もある。ロンドンからヨーロッパ大陸へは、セントパンクラス駅から「ユーロスター」が英仏海峡トンネルをくぐってフランスとベルギーへ運行しているが、オランダへの便はない。空路以外のロンドン～オランダ間は「ユーロスター」を利用してブリュッセルで乗り換えることになるため、イギリス～オランダ間には、以前と変わらずフェリーでつなぐルートも残っている。

リバプールストリート駅から112キロ離れたハリッジの港への列車があり、ステナラインのフェリーに乗り継ぐと、オランダのロッテルダム近郊のフクファンホラントという港に到着し、そこからオランダ国鉄の列車が出ている。曜日にもよるが、フェリーには昼間の便と夜行便があり、昼間の便なら海峡の景色が楽しめ、夜行便ならロンドンを夜に出て、オランダに翌朝到着できる。フェリーの航海時間は6時間半である。

高速列車で海峡トンネルをくぐるのもいいが、当然トンネルで越えたのでは景色など何もない。列車～フェリー～列車と乗り継ぐ旅もいいもので、出国、入国を繰り返すので国境を越える気分になれる。

リバプールストリート駅は
シティの一角にある

シティに近いため通勤風景が
毎朝繰り広げられる

ヒースロー空港へのアクセス列車が発着し、日本人も多く利用する
ロンドン・パディントン駅（イギリス）

ロンドンを代表する公園ハイドパーク近くにある主要駅。ロンドンでは最も西に位置するターミナル駅で、西部方面への列車が発着する。大学で有名な郊外のオックスフォードはじめ、港町のブリストル、ウェールズ地方、アイルランドへのフェリーに接続する列車もロンドンではパディントン駅が起点となる。

日本からの国際便も多いロンドン・ヒースロー空港への「ヒースロー・エクスプレス」もパディントン駅がターミナルで、日本人利用者も多い。この列車は空港アクセス専用列車、最高時速160キロ、パディントン駅からヒースロー空港までをノンストップで結び、空港のターミナルによって所要時間15～21分、運転間隔も15分なので、いつでもすぐに空港へ

長距離列車が中心だが一番右が「ヒースロー・エクスプレス」

向かえる。
しかし、いいこと尽くめではなく、運賃が高い。片道21ポンド、1ポンド183円で計算すると、たった15分の乗車に3800円という高額運賃だ。そこでこの列車以外に、「ヒースロー・コネクト」もパディントン駅から出ている。こちらは30分間隔、所要時間が倍となるが、運賃も半額以下になるので併せて紹介しておきたい。

ふたつの主要駅が隣接する

ロンドン・キングスクロス駅、セントパンクラス駅（イギリス）

ロンドンを代表する駅としてキングスクロス駅とセントパンクラス駅が隣接している。両駅はパンクラスロードを隔てて隣り合い、最寄りの地下鉄駅も「キングスクロス・セントパンクラス」という駅名だ。

キングスクロス駅はイギリス北部スコットランド地方へ続くイースト・コースト本線の始発で、ヨーク、ニューカッスル、エディンバラなどへの長距離列車が発着する。歴史ある駅で、駅舎は開業150年以上経た現在でも開業時と同じスタイルを堅持している。

イギリスというお国柄から歴史にまつわる話は多い。エディンバラ行きの看板列車「フライングスコッツマン」は、1800年代からキングスクロス駅10時発という伝統を守ってお

駅舎は開業時そのままのスタイルだが、
内部は驚くほどモダン（キングスクロス駅）

り、第二次世界大戦の戦火の最中でも変わらなかったという。イギリス国鉄が民営化され、ナショナル・エクスプレス・イースト・コーストの運行となった現在も、キングスクロス駅10時発のダイヤは続いている（日曜のみ9時45分発となったが）。

現在はロンドン～エディンバラ間にはキングスクロス発毎時00分に列車があり、10時発はそのうちの1本になるのだが、10時発の便には特別の意味が込められている。

「ユーロスター」乗り入れで国際駅に

一方、セントパンクラス駅はロンドンからイギリス中東部への列車が発着する駅だったが、2007年から、それまでウォータールー国際駅発着だったフランス、ベルギー方面への「ユーロスター」がセントパンクラス駅発着となり、駅としての重要度が増した。「ユーロスター」乗り入れに際し、セントパンクラス国際駅と呼ばれるようにもなった。島国のイギリスでは、唯一の国際列車発着の駅となり、フランスのパリへは2時間20分ほど、ベルギーのブリュッセルへは2時間で結ばれるようになった。

双方の駅に共通しているのは、駅舎がクラシックなもので、開業時からのスタイルを忠実に守っていることだ。イギリスに鉄道の駅が開業した頃は、駅といえば街の中心であり、街のシンボル的存在で、有名建築家の手によって立派な駅舎が建設された。現在でも駅の片隅にはその建築技師らの偉業をたたえるコーナーが設けられている。ところが、内部やプラットホームは驚くほどモダンで明るく、ショッピングモールのように華やかである。古い部分と新しい部分がうまく共存しているのがロンドンの魅力である。

キングスクロス駅の駅舎は開業時とほとんど変わっていない

セントパンクラス国際駅には「ユーロスター」が発着

地中海への旅心を誘ってくれる華やかな駅

パリ・リヨン駅（フランス）

パリにある鉄道駅で、リヨン方面へ向かう列車が発着するために「パリ・リヨン駅」と呼ばれる。市内中心部の東寄り、セーヌ川にも近く、駅舎の大時計は知名度が高い。以前から日本でも「海外の駅」といえばパリ・リヨン駅が最初に頭に浮かぶくらい有名な主要駅である。

リヨンはフランス第2の都市なので、日本でいえば大阪に相当し、さしずめパリ・リヨン駅は東京駅といったところになる。リヨンから先、グルノーブルなどのフランスアルプスのリゾート地、ニースなどの南仏方面、ジュネーブなどのスイス方面への列車もここを発着する。

パリ〜リヨン間といったビジネスの往来が多い区間の列車が発着する一方で、南仏な

南国風の木が植えられ、
南への旅立ち気分満点

ど高級リゾート地への列車も多く、パリの中では最も華やいだ駅でもある。航空機が発達する以前は、1等車だけで編成される豪華列車の始発駅として名を馳せた。現在でも行き止まり式ホームの終点部分にはパームツリーが植えられ、乗車前から南国への旅立ちを演出してくれる。

そんなパリ・リヨン駅だが、現在は発着する列車の多くが高速列車TGV（Train à Grande Vitesse）となった。フランスでも日本同様に寝台夜行列車が年々姿を消していて、すでにフランス国内のみを運行する寝台列車は消滅、寝台車は国際列車に残るのみとなった。

かつての栄華を今に伝える高級レストランが構内に

しかし、現在でも南仏への旅立ちの駅だった頃を体験できる施設がある。駅構内にあるレストランはその名も「ル・トラン・ブルー」という。「ル・トラン・ブルー」はかつてパリから南仏のニースの少し先、ヴェンティミリアまでを結んでいた豪華寝台夜行列車である。始発駅はパリではなく、フランス北部の港町カレーで、カレーにはイギリスからの連絡船が発着していた。パリっ子だけでなく、イギリスの貴族もこの列車を利用して南仏でのバカンスを楽しんだのである。レストラン「ル・トラン・ブルー」はそんな人たちが乗車前に利用したであろう高級店である。現在でもレストランの壁画は往時を偲ぶのに充分な迫力で、豪華な内装で知られている。

日本でも寝台列車が「ブルートレイン」と呼ばれていたが、車体が青いという理由のほかに、フランスに「ル・トラン・ブルー」という列車があったことが影響している。

階段を上がったところがレストラン
「ル・トラン・ブルー」

現在は高速列車 TGV の
発着が大半となった

ヨーロッパの高速列車が一堂に会する

パリ北駅（フランス）

パリで東京駅に相当するのがパリ・リヨン駅だとすれば、上野駅に相当するのがパリ北駅である。フランス北部、ベルギー、オランダ、ドイツのケルン方面への国際列車が発着するほか、英仏海峡トンネルを越える「ユーロスター」もここを発着する。「ガール・デュ・ノール」と呼ばれ、ガールはフランス語で駅、ノールは北を意味する。

ヨーロッパの主要列車が一堂に会する駅でもあり、ここを発着する長距離列車のすべてがパリ北駅が起終点となるので、フランス国内はもとより、ヨーロッパの中でも最も乗降人数の多い駅である。典型的なヨーロッパ式の終着駅スタイルで、旅情にあふれている。大屋根に覆われているため、案内放送が構内に反響して、独特の雰囲気を醸し出している。

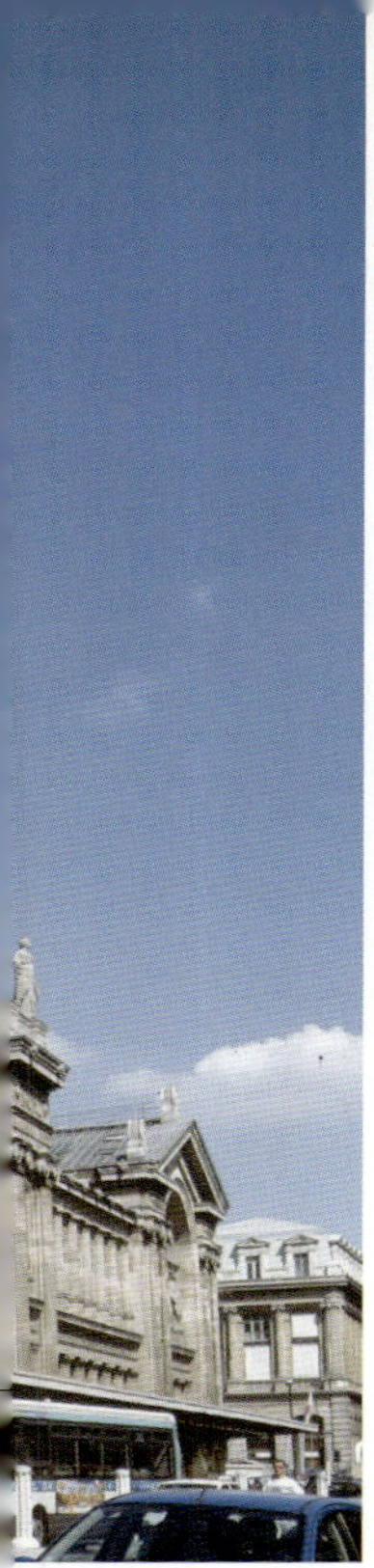

ヨーロッパの高速列車の代表格も数多く見ることができ、ロンドン行

立派な構えで旅人を迎えてくれるパリ北駅

き「ユーロスター」、アムステルダム、ブリュッセル、ケルンなどへ行く「タリス」、フランス北部やブリュッセルまでの高速鉄道TGVも発着する。

ヨーロッパの駅で数多くの高速鉄道車両に会いたければパリ北駅がおすすめである。ただし「ユーロスター」だけは、陸続きではないイギリスへの国際列車ということから出入国管理が厳重で、利用する時しかホームへ立ち入ることはできず、ガラス越しの見学となる。

現在でも北へ旅立つターミナル駅の郷愁が漂う

そんなパリ北駅は、いかにもターミナル駅といった堂々とした外観の駅舎で、古くから北への旅人に親しまれてきた。英仏海峡トンネルが完成する以前もパリ北駅がロンドンへの出発地で、ここから列車〜船〜列車と乗り継いでロンドンを目指した。パリ北駅、そしてここからほど近い場所にパリ東駅もあるが、両駅周辺はパリでも旅行者が集い、小規模の宿が点在し、世界中のバックパッカーで賑わう地区である。

日本では上野駅の北へのターミナルという機能が薄れ、上野駅周辺に東北や北海道への旅愁を感じることは難しくなったが、パリ北駅周辺は、かつての上野アメヤ横丁の雰囲気もある。パリ北駅発の夜行列車も本数は減ったが、ドイツのハンブルク行きやベルリン行きが残っている。

パリ北駅は北への旅情に満ちている

駅舎正面には「GARE DU NORD」の表記

TGV東ヨーロッパ線の始発駅

パリ東駅（フランス）

ガール・デュ・エストといい、エストは東という意味。パリ北駅の近くにあり、両駅間は徒歩で移動できる。パリからフランス東部のストラスブール、ベネルクス3国のひとつルクセンブルク、ドイツのフランクフルト、ミュンヘンへの国際列車が発着する。パリから東方面へはTGV東ヨーロッパ線があり、高速鉄道が行き交う路線となった。

現在、パリからは南東線、大西洋線、北線、東ヨーロッパ線と4方向に高速鉄道専用路線が開通しているが、東ヨーロッパ線は2007年開通と最も新しく、最新の規格で建設されたため最高速度は時速320キロと、世界で最も速い部類の鉄道が走る路線である。

ドイツへの高速鉄道は、フランスのTGVとドイツのICE(InterCity Express)双方の車両で運転される。TGVでドイ

パリ北駅のそばにあり、北駅に比べるとこぢんまりしている

ツに乗り入れるのは、ドイツの電化方式に対応したPOS型で、POSとはParis Ostfrankreich（東フランス）Südwestdentschland（南ドイツ）の頭文字である。

高速鉄道の開業で減ってしまったのは夜行列車で、パリ東駅を発着する夜行列車はミュンヘン行きのみとなった。姿を消してしまった名列車「オリエント・エクスプレス」は、パリでは東駅を始発にしており、現在の状況は寂しい。

パリで最も古く、フランスらしさを感じる駅
パリ・サンラザール駅（フランス）

フランス国鉄の路線網はパリを中心に放射状に延びていて、ロンドン同様に行先によって7つのターミナル駅がある。そんな中でサンラザール駅はレンヌ、ルアーブル、カーン、シェルブールなど北西部へ向かう列車が発着する。ただし、列車の顔ぶれは地味なほうで、高速列車や国際列車の発着はなく、通勤列車が主体となる。

しかし、パリの駅では最も歴史があり、開業は1837年というから、日本は江戸時代末期にもなっていない。パリで最初の駅だけあって、中心街に近く、オペラ座、マドレーヌ寺院、百貨店のプランタンなどが徒歩圏となる。地元のパリジャン、パリジェンヌの利用が多く、パリらしさのある駅でもある。パリ郊外に住む人たちの通勤に多く使われているので、パリっ子たちの日常に触れられるのもサンラザール駅である。

パリ最古の駅だけあって、
駅舎は威厳すら感じる

発着する列車は通勤列車主体。
2階建て車両も発着する

空港と高速鉄道が直接結ばれている

パリ・シャルルドゴール空港第2TGV空港駅（フランス）

「空港駅」というと、空港と市内を結ぶ空港アクセス鉄道の駅に思われるが、航空と鉄道が連携しているヨーロッパでは、一歩進んで長距離列車や高速鉄道が空港に乗り入れるのが珍しくない。

パリ・シャルルドゴール国際空港もその一例で、この空港はフランス国鉄の駅をふたつ有する。ひとつはパリ市内へ向かう空港アクセス鉄道の駅、もうひとつが高速鉄道TGVの駅である（駅名の「第2」の部分は空港の第2ターミナル直下にあるという意）。

この駅から南方向にリヨン、マルセイユ、北方向へはリール、さらにベルギーのブリュッセルなどに高速鉄道で直行できる。

しかし、これらの列車、パリ中心部は通らない。フ

国際空港のターミナル直下に高速鉄道の駅があるのはヨーロッパでは珍しくなくなった

ランス東南部への高速鉄道と北部への高速鉄道を連絡するバイパスがあり、その路線が空港を通っているのである。

日本でたとえるなら、東海道新幹線と東北新幹線が都心を通らずに、郊外でバイパスによって接続して、その途上に国際空港があると思えばいい。航空と高速鉄道がうまく連携しているフランスならではの空港駅である。

アールヌーヴォーの入口にパリを実感

パリ地下鉄 ブランシュ駅ほか（フランス）

私はパリでタクシーに乗った記憶がほとんどない。なぜならパリの市街地は地下鉄が網の目のように張り巡らされ、市内どこにいても徒歩圏にメトロの駅があるからだ。エトワール凱旋門、モンマルトルの丘、エッフェル塔、ノートルダム寺院、これら観光名所へもメトロが便利である。有名観光地で地下鉄でアクセスできないのは、郊外にあるベルサイユ宮殿だけである。運賃も単純で、全線均一である。

パリのメトロは慣れないと乗りこなすのは難しいとも思えるが、驚くほど使いやすくできている。地図を用意して、入口がEntrée、出口がSortie、行先がDirection、乗換がCorrespondance、この4つの意味が分かっていれば、はじめての旅行者でも面白いように上手に利用できる。表示がしっかりしていること、迷路のような通路ではあるが地下街になって

２号線のブランシュ駅。バックの赤い風車はキャバレー「ムーランルージュ」

おらず、通路は地下鉄を利用するためだけにあるので、かえって迷わないのだ。

パリのメトロならではの旅情もある。構内や車内で楽器を演奏し、通行人のチップで生計を立てている人たちが大勢いる。こう書くと、物乞いと変わらないように思えるが、実際は立ち止まって聞きほれてしまうような

2号線のポルトドーフィヌ駅は彫刻家エクトール・ギマールの作品が残る

奏者も多く、彼らはアーチストと呼ばれている。地下空間で音が反響することをうまく利用しているのである。音楽奏者に限らず、人形劇、パフォーマンスなどさまざまである。

音楽奏者に共通するのは、自分で作曲したものではなく、ビートルズナンバーやクラシックなど、誰でも知っている曲を演奏すること。運賃が均一で、時間制限などもないので、一日中を地下鉄駅構内で過ごすのだ。

6号線はセーヌ川を2回渡る

地下鉄の入口の多くは「アールヌーヴォー」と呼ばれる優雅なデザインででき

セーヌ川を渡る6号線。車窓にエッフェル塔がそびえる

ている。「アール」とは英語のArt、「ヌーヴォー」とはNewの意味で、19世紀に新しい芸術装飾として流行した。その装飾が現在もそのままの形で維持されている。

日本のようにエスカレーターやエレベーターが完備された駅は少ないが、東京の都営地下鉄大江戸線のような大深度を行く路線もなく、大抵は道路のすぐ下を走っている。

地上区間も多く、5号線や6号線は橋でセーヌ川を渡るので車窓は必見。とくに6号線はセーヌ川を2回渡る。

世界屈指のリゾート地の玄関

ニース・ヴィル駅（フランス）

南仏はコートダジュールの中心となる鉄道駅で、ニース駅でもいいが、正式にはニース・ヴィル駅といわれる。ただしニースで大きな駅はこの1カ所である。

ヨーロッパに多い終着駅スタイルではなく、中間駅であるが、ガラス状の大屋根に囲まれているため、構内放送などが反響して、これぞ南仏の駅といった風情にあふれている。

しかし、かつては青列車こと「ル・トラン・ブルー」や、パリからの夜行列車はじめ、イタリアへの国際列車などの客車列車が多く発着したが、現在は高速列車TGVなどがこの駅に発着するメインの列車となり、様変わりしている。高速新線はパリからマルセイユまでしか達していないが、高速鉄道も在来線も軌間が同じなので、1時間に1本はTGVがパリから直通してくるのである。

南仏の玄関。カンヌやモナコも近い

ニースを中心とする路線は南仏の海岸に沿っていて車窓もいい。西に30分行けば映画祭でも有名なカンヌ、東に10分でセレブの集まるモナコ・モンテカルロ、車窓からも富豪のものと思われるヨットやクルーザーが遠望できる。

モナコからさらに東へ30分でイタリア国境のヴェンティミリアである。白基調の建物が多かった南仏から、やがて赤っぽい建物が多くなり、イタリアの地中海沿いへと達する。世界でも屈指の美しい車窓が眺められる区間である。

運河に囲まれたオランダ鉄道の拠点駅
アムステルダム中央駅（オランダ）

オランダの主要都市というと「アムステルダム」「ロッテルダム」など「ダム」がつく都市が多いが、「ダム」は日本でも使われているダムのことで「堤防」という意味がある。オランダは国土のほとんどが平地で海抜も低い。運河をつくり「ダム」によって都市が形成されている。ほとんどが平地なので鉄道路線には山越えの勾配区間はなく、地下トンネルはあっても山岳トンネルはほとんどない。線路もまっすぐで列車のスピードも速い。アムステルダム中央駅も運河に囲まれていて、駅の東西南北が運河。北の運河は運河といっても大型客船や貨物船も航行する海である。

鉄道が発達しているので、オランダ国内は鉄道移動が便利にできている。主要都市間にはインターシティが整備され、どの路線も

駅前からはトラムが「チンチン」とベルを鳴らして出発する

毎時00分と30分発などときれいなダイヤで運行し、多くは2階建て車両、1等車の号車位置なども揃えられている。

デザインも統一されていて、黄色の車体にブルーのアクセントである。あまりに整っているので、逆にいえば車両に種類が少なく、日本人鉄道ファンには物足りないくらいかもしれない。

一説には東京駅のモデルといわれるが

駅舎は赤レンガのクラシックなもので、一説には東京駅丸の内駅舎はアムステルダム中央駅をモデルにしたといわれているが、アムステルダム中央駅はネオゴシック様式、東京駅はヴィクトリアン様式と建築様式が異なるので、雰囲気を模した程度と思ったほうがいいだろう。

そんな駅舎の前から出るのが、市内を縦横に運行するトラムである。オランダで特徴的なのは、やはり自転車の発達した国であるということだ。鉄道に自転車が載せられるのは当たり前だが、地下鉄、それにトラムにまで自転車が載せられる車両があった。自転車の通る道も整備され、自転車置き場なども完備されている。およそ自転車だから通行できないというところはない。

私が最もびっくりしたのは、アムステルダム・スキポール国際空港の飛行機が見られる展望デッキ内ですら、自転車で乗り入れられることであった。放置自転車といって勝手に撤去され、まるで自転車を悪者扱いしている日本とは大違いである。

四方を運河に囲まれ、
観光船も次々に出発する

フランスのパリから高速列車
「タリス」が乗り入れる

パリ、ロンドン、アムステルダム、ケルンを結ぶ十字路

ブリュッセル南駅（ベルギー）

日本から考えると、オランダもベルギーも同じベネルクスという括《くく》りなので、「同じような国」と考えがちだが、実際に訪れてみるとずいぶんと、いやまったく違う文化や風習を持った国に思える。

オランダはゲルマン系の人が多く、言語はオランダ語だ。ベルギーはラテン系の人も多く、言語はフランス語を使う地域が多い。最も違いを感じるのが食事で、オランダには名物料理などとくにないが、ベルギーは美食の国といわれる。知人の説によると、ベルギー料理は基本はフランス料理ながら、昔からアフリカとの人や物の交流が盛んで、アフリカの香辛料とフランス料理がうまく融合したのだという。

ベルギーを列車で旅していて、たまたまカメルーン人と同席となり、サッカー

ヨーロッパ主要都市を十字に結ぶ中央に位置し、高速鉄道が多く乗り入れる

の話題となったが、興味深い話も聞かされた。アフリカにはフランス領だった国が多く、住民はフランス語を話す。よりよい生活を求めてフランスに移住したいが、フランスは時々移民に対して厳しい政策をとる。

それに比べるとベルギーは過ごしやすいのだという。確かにヨーロッパ広しといえど、フランス語が公用語になっているのはフランスとベルギーしかない。

パリへ1時間台、アムステルダム、ロンドンへは2時間台

こんなブリュッセルの中心駅となるのがブリュッセル南駅である。ブリュッセルには北駅とセントラルという駅もあるが、中心となるのは南駅で、それに次ぐのが北駅。セントラルは中央駅に思えるが、最も中心街に近いだけの小さな駅である。現地では「サウスステーション」などと呼ばれることはなく、ブリュッセル・ミディ（Midi＝フランス語の「南部」）、あるいはブリュッセル・ザウド（Zuid＝オランダ語の「南部」）と呼ばれる。

ヨーロッパの鉄道の十字路でもあり、南へ行くとパリ、北へ行くとアムステルダム、東へ行くとケルン、西へ行くと英仏海峡トンネルを介してロンドンで、すべての方向へ高速鉄道がある。パリへは1時間台、アムステルダム、ケルン、ロンドンへは2時間台という好立地だ。このようなことからブリュッセルの駅は終点式ではなく、東京駅のような高架の駅である。興味深いのは、TGV、「タリス」、ICE、「ユーロスター」と、ヨーロッパを代表する高速鉄道が乗り入れるのだが、ベルギー国鉄自体は高速車両を有していないことである。

国際列車の交差点で、
国際色豊かな雰囲気だ

「タリス」や ICE など高速
車両が数多くやってくる

駅というより大教会といったレベル アントワープ中央駅（ベルギー）

ヨーロッパでも美しい駅として有名で、その内部は大教会のようである

アントワープはベルギー北部の街で、オランダに接する州にあり、ベルギー第2の都市でもある。日本では英語読みの「アントワープ」として知られているが、現地読みを尊重すると、ここはオランダに近いベルギー北部なので、オランダ語に由来する「アントウェルペン」となる。ダイヤモンドの取り引きが盛んな街として知られている。

駅が美しいことでも知られていて、駅舎は駅というよりは、もはや寺院というか有名な教会レベルである。地下道に通じるエスカレーターやキオスクがあるほうが不自然に思われる荘厳な雰囲気が漂っている。

大教会を思わせる構内にワッフル屋があった。日本でもベルギーワッフルは有名だが、ベルギーの駅には必ずといっていいほどワッフル屋がある。日本でいう立ち食いそば屋で、買い方もそばに似ている。基本のかけそばがあり、天ぷらや卵のトッピングができるように、ワッフルもプレーンがあり、チョコやバニラアイスなどのトッピングができる。

昔からの駅舎はそのままに、高速鉄道を地下に通している

このアントワープ中央駅はよく観察すると、立派な昔からの駅舎はそのままにしながらも利用者本位にできていることに感心させられる部分がある。

アントワープはベルギー第2の都市というから日本の大阪に相当し、駅は終点式である。そのため、ブリュッセルからアントワープを経てアムステルダムに向かう場合、列車はここで向きを変えて折り返しになる。機関車が引く列車なら機関車を付け替えねばならないし、電車だったとしても運転士は最前部から最後尾へ移動するため、所要時間短縮のネックとなる。実際、パリ～ブリュッセル～アムステルダム間に高速鉄道が運行を始めた当時は、アントワープ中央駅は経由せず、郊外の駅に停車させていた。いわば新大阪駅である。

しかし、現在では、このクラシックなアントワープ中央駅の直下を高速列車が通る新線ができ、高速列車が中央駅に来ないという不便は解消された。昔の駅はそのままにし、アントワープを起終点にしない列車のみ地下ホームに停車させるという方法をとったのである。日本でいえば、新幹線を今さら大阪駅に通すことは用地確保などから考えて無理であ

典型的な終着駅スタイルの駅で、ベルギー国内の列車はここで折り返し運転となる

教会風の古い駅舎の直下には高速列車のホームがある

るが、現在の大阪駅直下を通すというのはやってやれないことではないだろう。それを実現させたのがアントワープ中央駅である。

この駅を見ると、新青森駅などは安易な建設方法であると感じる。

歴史ある街並みにモダンな駅舎が不思議にマッチする

リエージュ・ギユマン駅（ベルギー）

ベルギーの鉄道駅は、アントワープ中央駅のように、教会そのもののような駅がある半面、リエージュ・ギユマン駅のようなモダンな駅もある。駅というより新空港といった斬新さで、ガラスで構成された大屋根が駅全体を覆っている。駅前には古い街並みが残るが、モダンな駅と古い街並みの対比も違和感がなかった。

リエージュ・ギユマン駅はブリュッセルから東へ約１００キロ、約1時間の距離である。やはり交通の要衝で、北へ行くとオランダのマーストリヒト、東へ行くとドイツのケルン、南東へ行くローカル線はルクセンブルクへと国際列車が多く、国内主要都市は西のブリュッセル方面と南西のナミュール方面のみという立地である。

駅というよりモダンな
空港の雰囲気

手掛けたのはスペインの建築家。
歴史ある街並みと好対照である。

駅舎の中が植物園になった！
マドリード・アトーチャ駅（スペイン）

スペインの首都マドリードで最も主要な駅で、高速列車も多数発着する。駅は大きくふたつのパートから成り、高速鉄道はプエルタ・デ・アトーチャ駅を、在来線はアトーチャ・セルカニアス駅（セルカニアス＝近郊列車）を発着する。

高速鉄道はＡＶＥ（Alta Velocidad Española＝スペインの高速鉄道）が有名だが、スペインにはさまざまな高速列車が存在し、その多くが軌間に起因している。ヨーロッパ各国では軌間１４３５ミリの標準軌が大半を占めているが、スペインの在来線は１６６８ミリという広軌を採用していて、このことが車両の種類を多くしている。スペインの高速鉄道はフランスなどとの直通を考えて建設されたため、高速線は標準軌として建設したが、すべての路線を標準軌にするわけにはいかない。そこで標準軌のみを走れる車両（ＡＶＥ、アヴァントなど）、広軌のみを走れる車両（ユーロメ

植物園となった駅構内。日本にはない発想である

ッド）、相互を直通できる車両（アルヴィア）とあり、さらにドイツ製車両も導入しているので、高速列車の種類が多い。高速列車はすでにマドリードから東西南北すべての方面へ運行している。

アトーチャ駅はＡＶＥの最初の区間であるマドリード〜セビーリャ間が開通した時に大改造が行われた。外観は昔のまま、内部は何と植物園風にし、多くの木々が植えられ、その周囲は待合スペースや店舗となっている。

スペインで最も美しく、終着駅に相応しい雰囲気
バルセロナ・フランサ駅（スペイン）

バルセロナは地中海に面するスペイン第2の都市で、カタルーニャ地方を代表する都市である。同じスペインでも内陸にある首都マドリードとは雰囲気が異なり、独特の文化や気質があり、フランスにも近く、芸術の街でもある。日本とは何もかも異なる雰囲気を持っているせいか、かえって日本人観光客に好まれている。ユーロ高などから日本人のヨーロッパ渡航客が伸び悩む中、スペインは相変わらず高い人気である。

フランサ駅は、かつてバルセロナを代表する駅だった。「フランサ」とはカタルーニャ語で「フランス」を意味し、フランスからの国際列車はここを終点とした。現地では「エスタシオン・デ・フランカ」と呼ばれ、「エスタシオン」はスペイン語で駅を意味する。

当時はパリ発バルセロナ行きやスイスからバルセロナに至る国際列車が、「タルゴ」という異なる軌間を直通できる車両で運転されていた。スペ

大屋根に覆われているが、太陽光が降り注ぎ構内は明るい

インとフランスでは軌間が異なるのである。

終点駅に相応しい雰囲気を持っており、行き止まり式のホームが10線以上ある。アーチの屋根に覆われ、カーブを描くホームに到着した列車の姿は、これぞ「終着駅」といった美しさがある。

駅舎建築は大理石が多用され、装飾も多く、駅というより美術館の雰囲気だ。掃除も行き届いていて、荘厳な気持ちにすらなってしまう。

現在でも地中海航路が駅のそばから発着

フランサ駅から1～2キロのところには港があり、現在でもイタリアやモロッコへの定期船が出ている。かつてはフランサ駅が終点駅であると同時に、北アフリカなどへの中継点の役割もあった。現在は飛行機で飛んだほうが運賃も安く、所要時間は大幅に短くなるが、バルセロナからモロッコへフェリーで渡ってみるのは旅という点からは興味深い。

フランサ駅にはこのような歴史がある関係で、近くに移民局があり、アフリカ人などが集う場所にもなっている。このような地区にあるため治安を心配する人もいるようだが、そもそも主要駅というのはさまざまな地域からの人々が集う場所である。

しかし、フランサ駅に発着する主要列車は年々減っている。スペインでは高速列車の比率が高くなるに伴い、フランサ駅に発着する列車が減り、寂れてしまったことも事実である。現在はバルセロナを代表する鉄道駅はサンツ駅で、高速列車や国際列車はサンツ駅を発着する。しかし、サンツ駅は近代的な駅ではあるものの、ホームはすべて薄暗い地下にあり、旅情という点では面白味に欠ける。

スペイン国鉄の車両が
頭を並べる終点式ホーム

ドームを連ねた様式の
コンコース

ヨーロッパの西の果てという風情にあふれている

リスボン・ロシオ駅（ポルトガル）

ポルトガルの首都リスボンで最も歴史ある駅がロシオ駅である。リスボンの街の中心であるロシオ広場に隣接している。ロシオ広場はリスボンを訪れた観光客が必ず立ち寄るといっていい場所である。駅舎は石造りの優美なスタイルで、入口はアーチの形に思われるが、蹄鉄《ていてつ》がイメージされている。

ロシオ駅はかつてリスボン中央駅と呼ばれ、重要な駅であった。しかし、中央駅としての機能は1957年に失われている。現在はポルトガル第2の都市ポルトに向かうインターシティやスペインへの国際列車などはサンタアポローニャ駅やオリエンテ駅を発着するようになり、ロシオ駅は近郊列車の発着する駅となった。そのため、地元の利用者が大半を占める。そんな中、観光客の姿を多く目にするのがシントラへの列車で、リスボンから約40分のシントラは世界遺産に登録された古い街並みがあるほか、ヨーロッパ最西端ロカ岬への拠点となる。

駅舎の入口が蹄鉄の形をしているのが特徴

駅の向こうはすぐにトンネル

リスボンは坂の多い街として知られ、街中を走る路面電車とともに、ケーブルカーが風情ある乗り物として観光客にも人気がある。ロシオ駅周辺も起伏のある土地で、ロシオ駅を出た列車はすぐにトンネルとなり、丘の上にある住宅地を越える。

2万枚のアズレージョの美しさは圧巻

ポルト・サンベント駅（ポルトガル）

同じイベリア半島にありながら、スペインとポルトガルは雰囲気がかなり異なる。使われている言語もスペインは当然スペイン語だが、ポルトガルではポルトガル語だ。スペインはさんさんと輝く太陽、そしてフラメンコに代表されるような情熱を感じる国で、芸術や個性を重んじる気風も漂っている。光が強い分、光と影のコントラストも感じるのである。

一方、ポルトガルはどうであろうか。スペインと同じ緯度なので太陽の位置は変わらないはずだが、なぜか西の果てというものを感じ、情熱よりは素朴さを感じる。フラメンコ同様に民族音楽として「ファド」があるが、そのメロディーは少し物悲しくも聞こ

サンベント駅の特徴は何といっても内部に貼られた２万枚の青いタイル

え哀愁に満ちている。

　そんなことからスペインにはスペインの魅力、ポルトガルにはポルトガルの魅力があり、日本でもポルトガルの魅力に取りつかれた人は多いようである。魚を多く食べるという、日本人と共通した文化もある。

　私の経験からひとつ加えておくと、魚料理が多いので、日本から醤油を少し持参しておくと、さらに魚が美味しく食べられるような気がする。

こんなポルトガル第2の都市がポルトである。首都リスボンが東京ならポルトは大阪に相当し、この間は特急列車「アルファ・ペンデュラール」で3時間弱。ポルトはポート・ワインが世界的に有名で、日本でも知名度の高い都市である。古都でもあり、街全体がユネスコの世界遺産に登録されているので、観光客も多く訪れる。

列車に乗る用がなくても一見の価値あり

しかし、リスボンからの列車はポルト市街地の東側に位置するポルト・カンパニャン駅が終点となる。カンパニャン駅は街はずれにあり、ほとんどの乗客はここでローカル列車に乗り継いで約5分、ポルトの街の中心にあるサンベント駅に到着する。

サンベント駅に入るには、カンパニャン駅でスイッチバックになってしまうことと、サンベント駅が狭く、ローカル列車が数多く運転されていることからこのような措置が取られている。少し不便ではあるが、リスボンからポルトまでの列車の切符を購入すると、このカンパニャン～サンベント間のローカル列車はそのまま乗車できる仕組みになっている。

駅にはおもに通勤列車が発着する

サンベント駅はポルトの歴史地区にあり、駅舎が美しいことで有名である。外観もさることながら、内部の壁面に貼られた2万枚のアズレージョという青いタイルの絵は圧巻で、ポルトガルの歴史が分かりやすく描かれており、列車に乗る用がなくても一見の価値がある。

発着するのはローカル列車中心なので、地元の人の利用が多い。やはりリスボン同様に坂の多い街で、駅を出るとすぐに市街地の丘を抜けるトンネルとなる。

「テルミニ」はターミナルではなく「浴場」の意

ローマ・テルミニ駅（イタリア）

漫画『テルマエ・ロマエ』が人気となり、阿部寛、上戸彩などが出演する劇場版もヒットしたが、この「テルマエ」とは公衆浴場のことで、「ロマエ」はローマを意味しており、タイトルは「ローマの公衆浴場」ということになる。

そして、現在ローマのテルミニ駅がある場所は、古代ローマ時代に公衆浴場があった場所だったので、「テルミニ駅」と名付けられた。「テルマエ」と「テルミニ」は同じ語源となる。日本でもヒットしたイタリア映画に『終着駅』があり、まさにローマ・テルミニ駅が舞台となったことから誤解もあるようだが、「テルミニ」＝「ターミナル」ではない。

しかし、ローマ・テルミニ駅は終着駅に相応しい風格を備えた駅で、30近くあるホームには国内主要路線、ローカル列車、空港アクセス列車、国際列車などさまざまな列車が発着し、鉄道ファンには、時間が経つのを忘れさせてしまう駅である。ヨーロッパの多くの大都市ではロンドンやパリのように方面別に駅が分かれていることが多いが、ローマでは主要駅がテルミニ

主要列車が集まる終着駅

駅ひとつで、ここに主な列車が集まっているのだ（別の鉄道事業者による高速鉄道「イタロ」以外）。

観光客が多いのも特徴である。近年では日本でも外国人観光客が目立つようになったが、古くから世界的な観光地であるローマはその比ではない。そのため、夏の観光シーズンなどは切符売場も大混雑となる。床には番号札として抜き取った紙が多く落ちていたりする。なぜかというと、順番を待つ番号札を抜き取ったものの、あまりの待ち時間の長さに切符購入を諦めた人が多いのである。

フランク・ロイド・ライトが「世界で最も美しい駅」と評した
ミラノ中央駅（イタリア）

ミラノはローマに次ぐイタリア第2の都市だが、首都ローマとは趣がだいぶ違う。ローマは遺跡の多い観光都市、ミラノは商工業・金融の中心でモダンな建物が多い。一方で観光的な見どころはローマに比べて少なく、ローマ市内観光を堪能するのに最低3日必要だとすれば、ミラノ観光はドゥオーモ周辺などを中心に、1日あれば足りるであろうか。

ただし、パリなどと並びミラノ・コレクションがあるように、ファッションの発信地でもあるし、サッカーの世界でも有名な都市である。むしろローマよりミラノに興味がある人が多いのも確かである。

ミラノ中央駅は、現地では「スタチョーネ・チェントラーレ」と呼ばれ、ヨーロッパで最も壮大な駅と称される。

荘厳な雰囲気さえある大理石造りの駅舎に入ると、エス

構内放送が大屋根に反響して独特の旅情が漂う

カレーターで2階へ。すると、24あるホームをひと覆いにする大きなアーチ状の屋根が目に飛び込んでくる。アーチは鉄骨とガラスで構成され、太陽光が入ってくるが、構内放送や観光客の声などは天井に反響し、独特の雰囲気を醸し出す。「これぞヨーロッパの駅」といった風格である。アメリカの建築家フランク・ロイド・ライトも「世界で最も美しい駅」と評している。

乗り入れる列車もバラエテ

ィに富み、イタリア国内主要都市はじめ、フランス、スイス、ドイツ、オーストリアと国際列車で結ばれている。イタリアの高速鉄道もミラノを中心に、南はローマを経由してナポリへ、西はジェノアへ、東はヴェネチアへと延びている。

大きな駅にもかかわらずホームは飽和状態

しかし、従来は主要長距離列車のすべてがミラノ中央駅発着に集約されていたが、現在では変化も見られる。イタリアでは新規鉄道事業者が参入し、高速列車「イタロ」もミラノ～ローマ～ナポリ間を運行するようになったが、「イタロ」、それにパリからの高速列車TGVは中央駅ではなく、ポルタガリバルディ駅を発着する。中央駅だけでは列車の増発に対応できなくなったのである。

機関車の引く客車列車が多いことにも増発が難しくなる原因がありそうだ。終着駅スタイルのため、機関車が引いて到着した列車は、まずは機関車を切り離し、反対側に別の機関車を連結し、列車が出発、その後を追うように機関車だけが回送される。このような手順になるため、ひとつの列車がホームを占有する時間が長くなるのである。

外観も荘厳な作り

石造りのコンコースを抜けると
改札なしにホームへ出る

ドイツの「交通の要衝」の役割を果たす

フランクフルト中央駅（ドイツ）

日本からドイツへの直行便の多くはフランクフルトに飛ぶ。成田、羽田、中部、関西から直行便があり、ドイツの玄関口となる都市である。しかし、さぞ大都市かと思うと、人口たった69万人のこぢんまりした街で、市内に観光的な見どころがあるわけでもない。金融や経済の中心地ではあるが、日系企業が多く進出しているのはデュッセルドルフで、フランクフルトではない。

ではどうして日本からの直行便はフランクフルトを目指すのか？　答えは簡単で、フランクフルトはドイツの「交通の要衝」という役割を担っているからだ。ドイツには大都市が少なくて中都市が多く、機能を分散させているが、フランクフルトは大きな空港を有し、鉄道路線もドイツ鉄道の要になる役割を持っている。

そのため、フランクフルトの宿泊施設は中央駅周辺に多く、経済的な宿も駅周辺に集中している。中央駅と空港は鉄道で10分強で結ばれ、まさに交通の要衝に相応しい体制が整えられている。

蛇足ながら付け加

駅界隈は宿泊施設や旅行関連の事務所が多い

えておくと、フランクフルトはモーターショーなど見本市の多く開かれる都市でもあり、その時期は宿泊料金がぐんと跳ね上がることが多く、見本市に要注意の都市ではある。宿泊代金が高くなると同時に、宿泊施設の予約そのものが難しくなる。

高速鉄道ICEは国内のほか、
スイスやフランスへ運行

周辺は国際色豊かなエリア

ドイツでは大きな街の中心となる駅は「中央駅」と呼び、現地では「ハウプト・バーンホフ」と呼ばれる。地図などでは略して「Ｈｂｆ」と記されることも多い。

フランクフルト中央駅にはＩＣＥ、フランスのＴＧＶといった高速列車はじめ、ＩＣＥ以外のドイツ国内主要列車、地域の列車、そしてＳバーンと呼ばれる近郊列車まで多く乗り入れ、Ｓバーンはおもに地下ホームを発着する。

フランクフルトは交通の要衝というだけあって、駅前には大小のホテルが並ぶとともに、航空会社のオフィスや旅行会社も多

ドイツで利用者が最も多い駅である

く目にする。意外なのは、小さなホテルや小さな旅行会社には外国人も多く勤務していることだ。

ドイツにはトルコ人が多く、街の至る所にドネルケバブなどのお店があり、トルコ人はドイツ社会にすっかり根付いた感があるが、フランクフルト中央駅周辺ではトルコ人に加えてシリア人やイラン人も多く根付いている。国際色豊かな都市である。

国際色豊かなスイス東部のターミナル

チューリヒ中央駅（スイス）

スイス東部にあるスイス最大のターミナル駅。スイスは西部と東部では雰囲気が異なり、西部はフランス語圏、東部はドイツ語圏、さらに細かく分ければ南東部はイタリア語圏となる。スイスの鉄道車両には「SBB-CFF-FFS」と記されているが、スイス連邦鉄道をドイツ語、フランス語、イタリア語で記した際の頭文字を3種類並べているのである。

チューリヒは空の玄関でもあり鉄道路線の要でもあるが、首都ではなく金融の中心地なので、ドイツのフランクフルトに似た性格の都市である。

駅舎はクラシックな建築で、ホームは終点式。大屋根で覆われるヨーロッパ風の大きなターミナル駅で、近郊線は地下ホームを発着する。

駅の外観は石造りの荘厳なものだが、内部はショッピン

駅前にはトラムが行き来する

グ施設などが充実している。ドイツやスイスで困るのは、市内のスーパーマーケットが夕方で閉店してしまうなど、お店の営業時間が短いということだ。しかし、駅構内のスーパーマーケットなどは比較的営業時間が長いので、旅行者にとって駅のショッピング街は重要な存在である。

乗り入れる列車は国際色豊かで、フランス、ドイツ、イタリアの車両のほか、夜行列車も多く発着する。

スイスの徹底した環境対策に脱帽

環境対策に積極的なスイスでは、市内交通は路面電車かトロリーバスというのが定番だが、さらに鉄道ファンなら、チューリヒ中央駅で忙しく動き回る入れ替え用機関車を見ても、この国が環境保全に努力していることが理解できるであろう。

入れ替え用機関車とは、車両基地から客車を引いて駅に入線させたり、到着した車両を車両基地に引き上げるために駅構内を行ったり来たりする機関車である。入れ替え用機関車には通常ディーゼル機関車が使われる。車両基地は線路がいくつも配置され、すべて電化するのは不経済なほか、屋根上の点検や清掃時に架線が邪魔になる。ところがスイスでは、排気を避けるため、車両基地も電化し、入れ替え用機関車も電気を動力にしている。

日本でも環境保全はいろいろ行われるようになったが、必ず付いて回るのがコストとの対比だ。環境に優しく、なおかつコストのバランスもよければ実施されるわけだが、環境対策の進んだスイスでは、コストをかけてでも環境優先といった姿勢が、機関車の種類ひとつをとっても感じられるのである。

構内の入れ替え用機関車も電気による。ディーゼル車を使わず環境に配慮

スイス最大の利用者があり、いつも賑わっている

スイス、フランス、ドイツが接する国境駅

バーゼルSBB駅（スイス）

バーゼルSBB駅は、なぜ地名にプラスSBB（スイス連邦鉄道）となるかというと、バーゼルはスイス、フランス、ドイツ国境にある街で、フランス国鉄、ドイツ鉄道にもバーゼル駅があるからだ。それらを区別するために「バーゼルSBB」という駅名になっている。バーゼルにはSBB駅のほか、バーゼルSNCF駅（SNCF＝フランス国鉄）とバーゼル・バディッシャー駅（ドイツ鉄道の駅）の2カ所がある。ただし、3駅ともスイス領内にあり、バーゼルSBB駅とバーゼルSNCF駅は隣接していて、実際は自由に行き来できる。バーゼル・バディッシャー駅はバーゼルSBB駅から、かの有名なライン川を越えた場所にある。バーゼルはまさに国境の街である。

ヨーロッパ内はさまざまな国があっても、自由に行き来できるので、異なる国へ行くという感覚が希薄になってし

国境駅として重要な役割を果たしている

まう。かつてはヨーロッパ内でも各国で通貨が異なったものだが、現在は西ヨーロッパ各国の多くでユーロという共通通貨が使われるようになった。しかし、現在でもスイスではスイスフランが使われており、意外にもスイスと近隣国が接する部分では、国境気分が味わえる。

この駅はイタリアとドイツを列車で乗り継ぐ接点でもあり、ミラノを起点とした列車はスイスに乗り入れ、ドイツとの国境のここバーゼルまでやってくる。ドイツ国内の多くのＩＣＥなどはバーゼルＳＢＢ駅を起点としているので、ドイツ各地に乗り継ぐことができる。隣接するバーゼルＳＮＣＦ駅には当然フランスの列車がやってくるので、国際色豊かな雰囲気が漂っている。

古くは映画『カサンドラ・クロス』のロケ地になった

駅の構造は終着駅スタイルではなく、列車はスイスからドイツ方面へ、そしてフランス方面へと通り抜けるスタイルになっているが、大屋根に覆われ、鉄道旅情漂う駅である。そんなことから１９７６年のイタリア・イギリス・当時の西ドイツ合作の、鉄道が舞台となる映画『カサンドラ・クロス』の冒頭シーンはこのバーゼルＳＢＢ駅でロケが行われている。

実は映画の舞台となっているのはバーゼルではなく、ジュネーブだったのだが、ジュネーブ駅よりもバーゼルＳＢＢ駅のほうが長距離列車が発着する雰囲気にあふれているという理由で、あえて物語とは異なる駅をロケ地に選んでいた。しかし、映画監督の意図は的中し、鉄道ファンの目から見ても違和感はなく、むしろ監督の思惑通り、バーゼルＳＢＢ駅をロケ地に選んだことで臨場感が増していたように記憶している。

国境の駅といった旅情に満ちている

駅前には庶民の足として活躍するトラムが。バーゼルはスイス第３の都市

アルプス観光の拠点、ふたつの湖に挟まれた駅

インターラーケン東駅（スイス）

ラーケンとは英語のLakeを意味しており、インターラーケンとは「湖と湖に挟まれた地」ということになる。実際にインターラーケンは東にブリエンツ湖、西にトゥーン湖という湖を擁している。湖に面する保養地であるとともに、ベルナオーバーラント（ベルナ高原）観光の拠点となる駅で、ここから私鉄の登山鉄道ベルナオーバーラント鉄道が出ている。

逆にいえば、インターラーケン東駅まではスイスの通常の長距離列車、ドイツのＩＣＥですら乗り入れてくるが、ここから先の山岳地帯は、これらの列車が発着するのとは異なるホームから、少し小振りの登山鉄道の出番となるのである。昔からスイスには私鉄が多いといわれてきたが、その大半はこういった登山鉄道である。

ヨーロッパ鉄道旅行には「ユーレイルパス」に代表されるような鉄道パスがある。そういったパスでは登山鉄道は割引になることは多いが、そのまま乗車することはできない。しかし、スイス国

アルプス観光の拠点となるこの駅まではドイツのICEも乗り入れる

内のみの「スイスパス」でならこれら登山鉄道も乗り放題となる。スイスで、おもに登山鉄道などアルプス観光をするのであれば、登山鉄道も利用できるパスの利用をおすすめしておこう。

インターラーケン東駅の切符売場前にはユニークな設備もあった。それは終点ユングフラウヨッホ駅に備え付けられたライブカメラである。現在そこへ行くとどんな天気なのかがリアルタイムで分かる。確かに、登山鉄道の切符は高額である。行ってみたものの霧で何も見えなかったら残念至極である。

4000メートル級の山々が眼前に広がる絶景駅

シーニゲプラッテ駅（スイス）

アルプス観光の拠点インターラーケン東駅から、登山鉄道ベルナオーバーラント鉄道に乗り、次のヴィルダースヴィル駅に降りると、玩具のような可愛い車両が待っている。それがシーニゲプラッテ鉄道である。

ベルナオーバーラント鉄道も一般の鉄道よりは小振りの登山鉄道だが、シーニゲプラッテ鉄道はさらに小さな車両で、シーニゲプラッテまでの7キロを50分かけ、標高差１３８０メートルをよじ登る。最急勾配は２５０パーミル。１０００メートル進んで２５０メートル登るというもので、通常の車両では登ることはできないので、ラックレールという線路側に敷設されたギザギザのレールに、車両のギアが噛んで登る。ちなみに、箱根登山鉄道の最急勾配が80パーミルなので、２５０パーミルはとんでもなく急な坂である。

本書で、登山鉄道の終点シーニゲプラッテ駅をなぜ選ん

登山鉄道の終点駅のバックにはアイガー、ユングフラウ、メンヒの山々が一望できる

だかというと、この駅から見るアイガー、ユングフラウ、メンヒ、3つの4000メートル級の山が絶景であるからだ。富士山の新5合目に行っても富士山がよく見えないのと同じで、ユングフラウには鉄道で登れるが、登ったところで氷河は見られるが山の全体像は見えない。山々の全景を見るならシーニゲプラッテはおすすめである。

ヨーロッパの鉄道最高地点

ユングフラウヨッホ駅（スイス）

インターラーケン東駅からベルナオーバーラント鉄道でラウターブルンネン駅へ、さらにウェンゲンアルプ鉄道で海抜2061メートルのクライネシャイデック駅へ、するとそこから出ているのが、ヨーロッパの鉄道最高地点に達するユングフラウ鉄道である。終点のユングフラウヨッホ駅は海抜3454メートルにある。所要時間は50分、その間に最急勾配250パーミルの高度差1393メートルを、ラックレールで登る。

しかし、さぞいい景色が眺められると思うが、路線のほとんどはトンネルというか地下となっていて景色は残念ながら見えない。全線のほとんどをトンネルとしたのは、雪崩から線路を守るという理由もあるが、ユングフラウの景観を保護するという理由が大きく、さすがは景観を大事にするスイスと思わされる。しかし、車窓はないものの終点に到着し、展望台に登ると、アルプスの大パノラマとなり、これぞ「絶景」という眺めになる。

なお、ユングフラウ鉄道は、スイスの数ある登山鉄道の中でも特殊な存在であるため、スイスのみの鉄道パス「スイスパス」でも、割引にはなるが乗り放題とはならない。

海抜 3454 メートル、ヨーロッパ最高地点の駅は地下にあり、そのまま展望台へつながるので駅舎に相当するものはない

麓のクライネシャウデック駅を出ると間もなくトンネル

音楽の都ウィーンならではの列車も多く発着していた
ウィーン西駅（オーストリア）

ウィーンはヨーロッパの中でも独特な雰囲気を持った都市である。オーストリアは東西冷戦時代、西側と東側の狭間で、西ヨーロッパと東ヨーロッパの接点であった。中立的な立場を貫いていたので、双方の代表が会談したり、国際的な会議が多く開かれたりし、国際機関も多く置かれている。

旅行の観点からも、当時は東ヨーロッパへの拠点となる都市であった。鉄道ファンも、ウィーンまで行くと西ヨーロッパ各国では見られない東ヨーロッパの車両に出会うことができた。ヨーロッパでありながら、普段馴染みのあるヨーロッパとは一味違う光景に浸ることができたのである。

景観も美しく、ドナウ川が街を貫き、クラシックさ

駅の作りは近代的なので
ヨーロッパらしさは感じない

が漂う界隈も多い。ヨーロッパ各国は、南欧の一部を除いて冬季は寒さが厳しく、一般的に観光シーズンではないが、ウィーンだけは冬季にも一定の観光需要があった。それは、夜の時間が長くなる冬季にクラシックコンサートやオペラが多く行われるからである。

ウィーンが音楽の街であることに鉄道ファンは古くから馴染んでいたのではないだろうか。現在はウィーンを発着する列車の多くが

ＩＣＥや「レールジェット」など高速列車になったので、列車の名称がほとんどなくなってしまったが、かつてパリ行きは「モーツァルト」、ハンブルク行きは「ハイドン」、プラハ行きは「シューベルト」など、ウィーン発着の主要列車には作曲家の名前が多く使われていた。これらの列車は高速鉄道の開業で廃止されたり、単に「ＩＣＥ」「ＥＣ」などとされたりしてしまい、寂しさも感じる。

現在では音楽にちなむ名称の列車は、チューリヒからウィーンを経由してハンガリーのブダペストまで足を延ばす夜行列車「ウイナー・ワルツァー」くらいになってしまった。

路面電車はオペラにも配慮していた

ディープな鉄道ファンは、ウィーンの環状トラムに使われている路面電車にも特徴があったことをご記憶であろう。古い路面電車といえば、モーター音を唸《うな》らせながら路面を加速したものだが、ウィーンのトラムの台車は特殊なカバーで覆われ、極力モーター音が外部に漏れないような構造になっていた。トラムの環状線はオペラ座の前を通っており、オペラはマイクを使わないので、劇場の前で騒音をまき散らさないためであった。鉄道を通しても音楽にまつわる話題の尽きないのがウィーンである。

駅前にはウィーン名物の
赤いトラム

列車には自転車がそのまま
載せられる

生まれ変わるウィーンの鉄道の玄関

ウィーン中央駅（オーストリア）

ウィーンの鉄道駅は、オーストリア西部、スイス、ドイツ方面への列車はウィーン西駅を、一方でイタリア、チェコ、ポーランド方面への列車はウィーン南駅を発着していた。そしてこのウィーン南駅が、現在はウィーン中央駅として生まれ変わろうとしていて、暫定開業に漕ぎ着けている。将来的には現在ウィーン西駅に発着している列車も中央駅始発に変更されるかもしれない。

かつてのウィーン南駅はウィーンの中でも旅情漂う駅であった。チェコなど東ヨーロッパの車両が多く乗り入れているからである。ヨーロッパの鉄道の魅力は、日本とは違って客車列車が多く、車内設備の多くがコンパートメントスタイルであることだった。日本のように、自らが動力を持つ電車ではなく客車が多かった理由は、動力を持たない客車であれば、国境で機関車さえ付け替えれば、どの国にでも直通できたという事情がある。

ところが西ヨーロッパでは、安く

現在この南駅の駅舎は解体され、ウィーン中央駅として生まれ変わろうとしている

なった航空機に対抗するため、鉄道は速くなったが、ゆったりした鉄道の旅はできなくなった。その点、中欧や東欧には、古き良きヨーロッパを味わえる客車列車が多いのである。

「速さ」ではなく、昔ながらの鉄道旅情を味わいたいのであれば、ウィーン南駅（現在の中央駅）から、中欧を目指す旅をおすすめしたい。

旅という視点からも、中欧や東欧はヨーロッパらしさが残る地域として注目されており、ウィーンなどから列車でアクセスすれば、旅の臨場感倍増である。

北欧の入口となるデンマーク首都の駅

コペンハーゲン中央駅（デンマーク）

ヨーロッパから陸路で北欧を目指す際は必ず通る

デンマークはスカンジナビア3カ国のうちの1カ国で、北欧の入口にある。ヨーロッパ大陸につながっている部分と島から構成され、首都コペンハーゲンはシェラン島にある。そして、ヨーロッパの主要都市から陸路で北欧を目指す場合、必ずコペンハーゲンを通ることになる。

ハンブルクとコペンハーゲンを結ぶ列車は、途中フェリー航送しているが、これは両都市を最短距離で結ぶルートであるからだ。一方、ベルリン、アムステルダム、ミラノからは夜行列車があり、これらはユトランド半島からフュン島を経てシェラン島に入る。少し遠回りになるが、このようにたどれば大ベルト海峡を渡る橋でつながっているので、フェリー航送する必要がない。

ヨーロッパ大陸から列車

でコペンハーゲンに入ると「はるばるやってきた」という気分になれる。コペンハーゲン中央駅はドイツなどの駅舎と違って建物の作りが北欧様式である。冬季の寒さが厳しいので窓などの開口部が小さいというのが特徴だ。日本でいえば、本州から北海道へ列車でたどると、北海道に入ると住宅などの作りが本州とは異なるが、それと同じ感覚である。

日本同様、橋とトンネルの整備でフェリーの役目が減っている

コペンハーゲン中央駅は終着駅スタイルではなく、線路はそのままさらに北へ延びていて、ヘルシンゲアに達している。ヘルシンゲアはスウェーデンのヘルシンボリと対面する港町で、かつてはここで連絡船を介してスウェーデンの鉄道の旅へとバトンタッチするのがメインルートであった。しかし、現在はコペンハーゲン中央駅からさらにエーレスンド海峡を海底トンネルと橋で越え、スカンジナビア半島のスウェーデンに鉄道がつながっている。デンマークは日本同様に海上橋や海底トンネルが整備されたことで、鉄道でどこへでも行けるようになったという印象である。その半面、ドイツ、デンマーク、スウェーデンとたどっても、フェリーに乗ることなく通り抜けることができてしまうので、「北の旅情」が薄れてしまったことも確かであろう。

ところで、コペンハーゲンは、英語の航空時刻表などではCopenhagenとCで始まるが、デンマーク語ではKobenhavnとKで始まり、鉄道の時刻表ではKで始まる表記だ。同様にオーストリアのウィーンも、英語の航空時刻表ではViennaとVで始まるが、ドイツ語ではWienとWで始まり、鉄道の時刻表ではWで始まる表記だ。

デンマーク鉄道の要。
防寒のため窓が小さい

長距離列車のほか、近
郊列車も多く発着する

北へ向かう夜行列車で白夜体験

ストックホルム中央駅（スウェーデン）

ヨーロッパもスウェーデンのストックホルムまでやってくると雰囲気が大きく違う。写真の撮影環境もかなり変わってくる。高緯度のため、夏になると早朝から深夜近くまで明るく、撮影できる時間帯が長くなるが、太陽が上にあるというより横にあるため、逆光になることが多い。順光の場合も、長く伸びた自分の影が写真に写りこんでしまうことがある。夜景を撮ろうと思うと、夜10時を過ぎなければ夜らしい景色にならない。

白夜が体験できるのはストックホルムよりずっと北の北極圏に入ってからではあるが、ストックホルムでも夏季は夜中といえども真っ暗にはならない。一方、冬季は昼間の時間は短く、太陽が出たとしてもその光は弱々しい。

6月の陽の長い季節に、ス

この駅のシャワー設備を利用し、
夜行列車で北を目指した

トックホルムから夜行列車「ノルドピレン」（北の矢という意味だが、現在は列車愛称がなくなった）という列車でヨーロッパ最北端の駅であるノルウェーのナルヴィクを目指したことがあるが、夕方に出発した列車は、ストックホルムから北へ向かうため、走っても走っても景色が夜にならない。

しかし、暗くならないからといって乗客はずっと起きているわけにもいかないだろう。どうするのかと思っていたら、22時を過ぎた頃に乗客のうちの誰かが窓のカーテンを閉めた。すると申し合わせたように他の乗客もカーテンを閉めた。夏のスウェーデンでは、外の明るさではなく時計を見て、寝る時間になったら、外は明るいが何とかして暗くして寝るという習慣なのであろう。日本ではできない体験であった。

物価高の北欧で得た旅の知恵とは

ヨーロッパは一般に物価が高いが、とくに北欧のそれは高い。駅のセルフサービスのカフェテリアでパスタとジュースを選んでも、日本円でうん千円になってしまう。しかもパスタはお世辞にも美味しいとは言えなかった。そこでヨーロッパ旅行のコツというか、私なりの対応策をひとつ。ホテルは安さだけで選ばず、朝食付きの宿を選び、朝ご飯をしっかり食べて、昼は食べないか簡単なもので済ませるという手である。

日本では「イタ飯」などという言葉があるが、実際イタリアに行って美味しいものを食べようと思うと、かなりきちんとしたレストランに行く必要がある。味覚という問題もあるが、日本の食は安くて美味しいものが多いとヨーロッパに行く度に感じる。

夏季は深夜でも真っ暗にはならない

スウェーデン製電気機関車。海外にも輸出されている

車窓の美しさは世界屈指
オスロ中央駅（ノルウェー）

ノルウェーはヨーロッパの中で最も鉄道の旅に向いた国であると私は思う。その理由はとにかく車窓が美しいということだ。車窓の美しさではスイスも有名だが、ノルウェーも負けず劣らず美しい景色の中を列車が行く。しかも、ローカル線や登山鉄道に乗らなくても、幹線の景色が美しいというのがノルウェー国鉄の特徴だ。

首都で最大の都市オスロと第２の都市ベルゲンを結ぶ路線は、日本でいえば東京と大阪を結ぶ路線に相当するが、そんな幹線でありながら山岳路線で、約４００キロ離れた両都市間を列車は６時間もかけて運行する。「６時間」と聞くと大抵の旅行者は飛行機を使ってしまうが、半日費やしてでも列車の移動がおすすめだ。

オスロ、ベルゲンともに港町なので海抜は低いが、この間の路線は途中のハルダンゲル高原を越える時点では、１２３７メートルの海抜に達する。ここはノルウェー国鉄最高地点でもある。ヨーロッパとは思えない荒涼とした大地を列車は進み、夏季に乗っても列車のすぐそこに残雪があっ

モダンなショッピングセンターが入るビル内にある

ハルダンゲル高原を行く列車

たりする。

この路線はヨーロッパでは景色が美しいことで有名で、フランスやドイツからの観光客などで混み合っている。訪れる際は早めの予約が必要である。

ヨーロッパ最北の駅へはスウェーデン側から絶景路線で行く

ナルヴィク駅（ノルウェー）

ヨーロッパ最北の鉄道駅はノルウェーの北極圏に位置するナルヴィクという終点駅である。ヨーロッパ最北の駅が北欧の北部にあるというのは皆が納得するであろうが、実はこの駅は変わっていて、ノルウェーのほかの路線とはつながっていない。たとえば、オスロから鉄道でナルヴィク駅に行くことはできない。どうやって行くかというと、スウェーデン側からしか行くことができないのだ。ナルヴィク駅はノルウェーにあるものの、実質的にはスウェーデンの鉄道路線の北の終点のような格好になっている。ノルウェーの駅であるのに、スウェーデンの車両しかやって来ない。

なぜこのような不思議な路線になったかというと、この路線が建設された主目的はスウェーデン側のキルナから産出される鉄鉱石を1年中凍ることのない北海側の港から積み出すことであり、鉄鉱石運搬の貨物列車用の線路であったからだ。

このような理由で建設されたため、沿線は自然のままの土地で、フィヨルドなどが美しく、「よくこんな地に鉄道を敷いたものだ」と感心するような車窓が続く。

ヨーロッパ最北の駅、
夏はもちろん白夜

急峻な山岳を越えると陸に
深く入り込んだフィヨルドが

フィヨルド特有の地形が体験できる海の広がる山間の駅

フロム駅（ノルウェー）

ノルウェーの旅の面白さに、その地形がある。都市から鉄道で山岳へ分け入り、時間をかけてたどり着いた駅前に湖がある。ところが、そこは湖ではなく海であるということだ。日本でたとえるなら東京から中央本線に乗り、いくつもの山を越えて諏訪湖に到着すると、諏訪湖が湖ではなく、内陸に入り込んだフィヨルドの海だったというようなことになるだろうか。湖は高原にもあるが、フィヨルドは海なので、どんなに内陸の山の中にあっても海抜は海と同じ0メートルである。

こんな体験が現実にできるのがノルウェー国鉄のフロム駅で、ここは首都オスロからなら、ベルゲンへ向かう途中のミュルダールで下車、列車を乗り換えて、オスロから約6時間かかる山の中の終着駅であるが、駅前に広がるのは海である。ここからは船も出ていて、フィヨルド観光の拠点ともなっている。四方を山に囲まれているものの、目の前に広がっているのは紛れもない海、周囲の山は切り立った崖で、ところどころ滝が流れている。何とも自然の偉大さを感じる駅である。

フロム駅を出発するミュルダール行きの列車。北欧屈指の観光路線である

山小屋風の駅舎だが、ここは海沿い

冬の寒さが厳しいせいか、駅構内や車内は暖色系が多い

ヘルシンキ中央駅（フィンランド）

ヘルシンキ中央駅はフィンランドの鉄道の要になる駅である。ここからはフィンランドの実質的な第2の都市タンペレ、港町のトゥルクなど主要都市に列車が出ている。

フィンランドはヨーロッパに位置し、北欧の一国に数えられるが、ロシアに近いため、ロシアとヨーロッパが融合した雰囲気を持っている。そのひとつに鉄道の軌間があり、走っている車両はヨーロッパに似たデザインのものが多いながら、軌間はロシアと同じ広軌である。

フィンランドの鉄道とスウェーデンの鉄道はつながっておらず、最寄りの駅同士はバスで6時間を要する。一方でロシアとは線路がつながっていて、ヘルシンキ～サンクトペテルブルク間は「アレグロ号」が行き来しており、3時間半で結ばれ、距離的にも近い。

ヘルシンキ中央駅はクラシックな駅舎ながら、構内に入ると明るい配色でまとめられている。おそらく冬

フィンランドの鉄道の要。
駅舎は北欧風の建築

季の寒さが厳しいため、努めて明るい色が使われているのであろう。鉄道車内や地下鉄も暖色系ばかりである。とくに列車の座席は赤やオレンジ色が多かった。ちなみにヘルシンキには地下鉄は1路線しかないが、世界最北の地下鉄である。

中央駅から10分も歩くと港があり、そこからはバルト海を行く航路がエストニア、スウェーデン、ポーランド、ドイツなどに向かっている。

フィンランド鉄道の中心となるヘルシンキ中央駅

駅近くの港からはストックホルム行きのフェリーが発着する

第2章

東・中央ヨーロッパ

ブダペスト西駅（ハンガリー）

「美しき青きドナウ」の街の玄関口

ブダペスト東駅（ハンガリー）

ブダペストという地名の所以は、市内中央を流れるドナウ川を境にして、西側がブダ、東側がペストで、両地域が合併してブダペストとなったという経緯がある。

ブダペスト東駅はケレッティ地区にあるため、ブダペスト・ケレッティ駅とも呼ばれている。ブダペスト最大のターミナル駅で、国際列車はほとんどがこの駅を発着する。具体的にはドイツ、スイス、オーストリア、ポーランド、チェコ、スロバキア、スロベニア、ルーマニア、ブルガリアへの国際列車がある。かつてはハンガリーの車両は夜行列車として遠くパリまでも乗り入れていたが、TGV東ヨーロッパ線の開業で、その列車はミュンヘン止まりになり、ミュンヘンでTGVに乗り換えとなってしまった。

「古き良きヨーロッパ」の鉄道が体験できる

ハンガリーには古き良きヨーロッパが残っていて、それは鉄道にもいえる。

かつては西ヨーロッパにも各国の客車が混じり合って編成された国際列車が多くあり、国境を越える度にその国の機関車に付け替えて長い距離を運行したものである。

ハンガリーの客車がパリまでも運行していたと記したが、10両以上連結されている編成のうち、実際にパリまで直通するハンガリーの車両は寝台車のうちの2両のみで、他はフランス、ドイツ、オーストリアなどの車両で編成され、大半は国境駅で切り離されていた。

こういった運行は、鉄道にとっては古き良きヨーロッパである。そんな列車がブダペストでは多く見られる。ひとつの列車が3カ国以上の客車で編成されていたりすると、車両を観察するだけでも楽しく、各国それぞれのデザインが施され、お国柄を感じることもあるし、同じ意味のことが書かれていてもスペルが違っていたりと楽しい。東ヨーロッパ地域からの列車の場合は、客車だけでなく、その国の車掌が乗務してくることもあった。まさに国際列車の醍醐味である。

西ヨーロッパ各国では国際列車よりも高速列車に力が注がれるようになり、列車は速く快適になったが、国際列車旅情のようなものは希薄になった。そういう意味でもハンガリーでは古き良きヨーロッパが体験できる。

ヨーロッパ有数の美しい
建築様式を伴う

スイス、オーストリアと夜通し
走ってきた国際列車が到着

世界で最も美しいマクドナルドがあると評判
ブダペスト西駅（ハンガリー）

ブダペスト西駅はブダペスト東駅同様、ドナウ川東側のペストにある。西駅とはいうものの東駅より西にあるというだけで、ブダペストの街の範囲からすると西にあるわけではない。ブダペストの街で本当に西部にあるのは南駅で、こちらはドナウ川西側のブダにある。

ブダペスト西駅にも、ブダペスト東駅ほどではないが国際列車も発着する。スロバキア、チェコ、そしてウクライナからの列車があり、チェコからは客車だけでなく機関車もこの駅までやってくる。東欧が社会主義国だった名残で、ハンガリーとチェコの鉄道は現在でも一体感がある。しかし、ハンガリーの鉄道は東西冷戦終結後、いち早く西側の鉄道に仲間入りしており、「ユーレイルパス」で利用できる国に、元社会主義国の中では最も早くから参加している。

ブダペスト西駅は、この駅を出入りする利用者以外の観光客も多く訪れる駅に

写真の駅舎右側部分がマクドナルド

なっている。「世界で最も美しいマクドナルド店舗」があるからだ。この駅はフランスのエッフェル塔を設計したことで知られる建築家ギュスターヴ・エッフェルが手掛けている。重厚な建築で、その駅舎にマクドナルドがあり、シャンデリアのぶら下がる店内はファストフード店という雰囲気はなく、高級レストランの趣で、ブダペストの名所ともなっている。

旧東欧の雰囲気を色濃く残す
ワルシャワ東駅（ポーランド）

ポーランドは日本ではあまり知名度が高くないかもしれないが、ある意味で鉄道の旅がおすすめだ。理由は「そんなことで?」というかもしれないが、駅のトイレが概して綺麗で掃除も行き届いているからだ（もちろん有料）。日本の駅のトイレは世界で最も清潔でしかも無料なので、海外の駅のトイレは有料でしかも汚いことが多いと思っている人も多いだろう。しかし、ポーランドの駅のトイレは日本人でも満足するはずだ。

ポーランドの鉄道の要はワルシャワ中央駅で、駅には大型ショッピングセンターが併設され、便利なロケーションではあるが、地下にホームがあるためあまり旅情豊かな駅とはいえない。長距離列車も始発になっていないので、列車が到着して乗客を乗せて慌ただしく出発となる。では、長

ワルシャワ東駅前には公共のレンタサイクルがあった

距離列車の始発となるのはどこかというと、ワルシャワ東駅になる。現地では「フストボニャ」と呼ばれる。

ポーランドは年配の人を中心にポーランド語しか通じず、外国語は通じたとしてもロシア語である。東駅は「フストボニャ」と呼ばれると記したが、駅員に「イースト・ステーション」などと言ってもまず通じない。

このようなことから、ポーランドは旧東欧などといわれる地域の中では、現在でも最も社会主義時代の雰囲気が色濃く残っている国だと感じる。駅員などは公務員ということになるが、素朴な人が多く、ある意味官僚的でもある。車窓からも社会主義時代色が見てとれ、ワルシャワ郊外の住宅地を走っても、一戸建ての住宅が少なく、団地のような住宅が目立つのである。

ウィーン行き寝台列車はずばり「ショパン」

ワルシャワ東駅からはポーランドらしい列車も出発する。毎日20時過ぎにチェコのオストラバを経由してオーストリアのウィーンに達する夜行列車は「ショパン」という名が付いている。この列車はワルシャワ東駅を出発する時点ではチェコのプラハ行き、ハンガリーのブダペスト行きも連結しており、途中駅で3方向に分かれて運転するという、ヨーロッパでは昔からよくある形態の列車である。

「ショパン」とは言うまでもなく作曲家のフレデリック・ショパンのことで、彼の故郷はワルシャワである。ワルシャワでは5年に一度フレデリック・ショパン・ピアノコンテストが開かれ、世界で最も権威あるピアノコンテストといわれる。国民は音楽をこよなく愛しており、広場などでは音楽演奏に遭遇することがよくあった。

ワルシャワ発の長距離列車が始発にするのは東駅

昔ながらの窓の開く客車が多い

407列車ウィーン行き夜行「ショパン」

東西と南北の路線が交差する鉄道の要衝

カトヴィツェ本駅（ポーランド）

ヨーロッパにも鉄道ファンは多い。イギリス、ドイツ、スイス、オーストリア、オランダなどに多く、とくにイギリスは交通趣味が浸透していて、日本でいう「野球とサッカー」のようなノリで「鉄道と航空機」は扱われる。意外にもフランス、イタリア、スペインには少なく、ラテン系民族と鉄道趣味は相性が悪いのかもしれない。

ポーランドのカトヴィツェ本駅のホームでも鉄道ファン4人組と話す機会があった。カトヴィツェはポーランド南部の都市で、東西の路線と南北の路線が交差する鉄道の要衝だ。チェコにも近く、さまざまな列車がやってくる。4人はイギリスからポーランドの鉄道を見にやってきたというのだが、いわゆる「ベタな鉄道ファン」であった。私も日本から来た旨は話したが、自己紹介も何もしないうちに「次は、あっちから何型機関車が来る」「今日はこっちからも何々列車がやってくるはずだ」と矢継ぎ早に説明を受けた。彼らは「ポーランドの鉄道のことなら何でも知っている」と言わんばかりであった。

ちなみに、海外では彼らを「spotter」と呼び、駅や空港で鉄道や航空機を観察する行為を「spotting」という。地図の入った撮影ガイドなどは「spotting guide」となる。

日本人も含めて英語圏では「カトワイス」と呼ばれてしまう

カトヴィツェ本駅で出会ったイギリス人鉄道ファン

日本でも鉄道ファンが社会的に認知されてきたとはいうものの、日本人同士で、共通の趣味を持つ人間であっても、挨拶もそこそこに核心に触れるような鉄道談議は行わないであろう。それができてしまうのがイギリス人の愉快なところである。

中世を思わせる駅から国際列車が多方面へ運行

プラハ本駅（チェコ）

ヨーロッパには「中央駅」が多いが、中央駅と本駅はほぼ同じ意味である。旧東欧では「本駅」という表現をする場合が多い。日本でたとえると、東海道本線で東京駅に近づくと「東京─品川駅」「東京─新橋駅」そして東京駅が「東京本駅」といった具合に使われる。東京のように駅が多くては収拾がつかないだろうが、品川も新橋も東京にある駅なので、区別するために「本駅」といわれるのである。

プラハはチェコの首都、街の中心をヴルタヴァ川が流れる美しい街並みで知られ、観光客の多い都市である。プラハ本駅は川の東岸にあり、中世を思わせるような駅舎と、プラットフォームのある部分は大きなアーチ状の屋根に覆われた駅である。ただし、終着駅スタイルではなく、列車はアーチ状の屋根をくぐり、反対側へと通り抜ける。

チェコは以前、社会主義圏だったため「東欧」の範囲であったが、現在は「中欧」などといわれ、ヨーロッパの中央に位置するため、四方に国際列車が運行され、プラハ本駅は鉄道の十字路でもある。国際列車はドイツ、オーストリ

駅舎は街の景観ともマッチしている

ア、スロバキア、ハンガリー、ポーランド、ウクライナ、ロシアへ運行、機関車が客車を引く列車が多いので鉄道ファン好みの車両がたくさんあるのも特徴である。
旧東欧圏の中では高速列車導入にも積極的で、プラハからチェコ第2の都市ブルノを経由してブラチスラバやウィーンに向かうイタリア製振子式特急電車も導入されている。この列車は「スーパーシティ」と呼ばれるチェコの看板列車である。

ヘルシンキから日帰りもできる世界遺産の街

タリン駅（エストニア）

エストニア、ラトビア、リトアニアの3カ国はバルト海に面しており、バルト3国と呼ばれる。長きにわたってソ連の統制下であったが、1990〜1991年に独立し、同時期にソ連は崩壊している。旧ソ連領の地域では最も西側化の早かった国々で、その後にNATOとEUに加盟、エストニアではユーロも使われている。

鉄道車両もドイツ製などが多くなってきたが、旧ソ連製車両も現役である。ソ連製車両を見るならロシアに行くのが手っ取り早いが、ロシア渡航にはビザの取得など面倒な部分も多い。

その点バルト3国はビザの必要がない。中でも簡単に行けるのがエストニアのタリンである。日本から直行便で結ばれているフィンランドのヘルシンキからは

EUのマークも
誇らしげ

バルト海を挟んで100キロも離れておらず、フェリーで2時間半、高速船なら1時間半の距離で、ヘルシンキから日帰りも可能である。

簡単に行けて西ヨーロッパとは一味違った鉄道車両に出会うことができる。タリンの旧市街は世界遺産に登録されている美しい佇まいでもあり、縦横に走るトラムも必見である。

大深度の地下に美術館のような駅

モスクワ地下鉄 マヨコフスカヤ駅（ロシア）

モスクワという街は新しいものと古いものが混在しているように思われる。旧ソ連が崩壊して久しいが、やはり変われるものと変われないものがあるのだろう。それを象徴しているのがモスクワの物価である。ある調査によればモスクワは世界でも1、2位を争う物価の高い都市といわれる。

しかし、庶民のために安く抑えられているものもある。モスクワ市内を縦横に走る地下鉄運賃は20ルーブル均一、日本円にして約37円である。ひと駅乗ってもこの運賃、終点まで1時間以上地下鉄に揺られてもこの運賃である。そしてこのモスクワ地下鉄、あらゆる意味で旧ソ連だった国を体験させてくれる。

ホームは地下深く、エスカレーターの速度は日本の倍くらい

地下鉄は旧ソ連時代を存分に味わえる

モスクワは地下鉄の発達した都市で、1号線から12号線まであり、5号線は環状線となっている。1路線の距離は長く、50キロ近くを走る路線も複数ある。市内中心から郊外に延びていて、普通なら郊外では地上を走りそうなものだが、意外と地上区間は少なく、しかも地下深くを走っている。

東京で最も地下深くを走る大江戸線の六本木駅が地下42メートルだが、モスクワ地下鉄は地下約80メートルを走っており、とてつもなく深い。一説には核戦争が起こった時の核シェルターの役目を担っているといわれるが、あながち嘘でもないような気さえする。

近年になって新車も導入されているが、多くは鉄の塊といった頑丈そうだが無骨な車両がやってくる。電車のサイズは大きく、地下空間も広く、さぞかし大工事だったのではないかと思われる。地下鉄の建設費は、その深さとトンネルの断面の大きさに比例する。東京で最も地下深くを走る大江戸線は車両が小振りであるが、これは建設費を抑えるためである。するとモスクワの地下鉄は深さの割にサイズが大きく、しかも運賃が安いとなれば、社会主義国でなければ果たせなかったのではないかと思う。

全線均一と運賃体系が単純な割には切符は有人窓口で購入する。大抵はふくよかなおばちゃんが切符を売っていて、英語などはまったく通じない。最近になってモスクワにも自動券売機が登場したそうで、それがニュースになるといった状況なので、地下鉄は運賃を安く抑えたままで、一方で旧態依然といえるわけだ。

モスクワ地下鉄には美しい駅が多く存在する。中でも2号線マヨコフスカヤ駅は必見で、「これぞモスクワの地下鉄」といった美しい構内である。

美しい駅に対して車両は鉄の塊といった無骨なもの。社会主義時代の雰囲気が色濃く残る

こんな美しい駅を何もなかったかのように地下鉄が行き交う

世界一長距離を走る「ロシア号」の始発駅

ウラジオストク駅（ロシア）

ウラジオストクは極東ロシアの中心となる都市である。日本ではあまり知られていないが、日本からはかなり近く、東京からはソウルよりウラジオストクのほうが距離的に近い。しかし、ヨーロッパを思わせる街並みは美しく「日本から最も近いヨーロッパ」として隠れた人気がある。

港を望む場所にウラジオストク駅はあり、ここからは世界一長距離を走る「ロシア号」が2日に1便、モスクワに向けて出発する。9000キロ以上を6泊7日かけて走破するという気の遠くなるような汽車旅の起点である。ウラジオストク駅のホームにも「モスクワから9288キロ」というキロポストが立っている。

ウラジオストクはソ連時代、ソ連海軍の重要な基地だったため、外国人はおろか、ソ連人でも立ち入りが制限されていた軍の拠点であった。現在のように航空機が発達する以前、日本の若者はヨーロッパを目指すのに、横浜港から船でナホトカに向かい、そこから列車に乗車した。

ヨーロッパ調の駅舎が美しい

ウラジオストクに外国人が立ち入れないためのルートであった。

当時は相対的に航空運賃が高く、ヨーロッパへの格安手段として「ロシア号」が利用されたが、現在は様変わりしている。「ロシア号」は世界で最も長距離を運行する列車として観光客の利用が多くなり、空を飛ぶほうが安くなった。

ウラジオストクは成田からの直行便も飛ぶようになり、以前より格段に行きやすくなった。名実ともに「日本から最も近いヨーロッパ」である。

ヨーロッパの始発駅として古くから君臨する

イスタンブール・シルケジ駅（トルコ）

西洋の始発駅であった当時がそのまま残されている

地形的にアジアとヨーロッパの接点にあるのがイスタンブールの街である。コンスタンチノープルと呼ばれ、古くから栄えた町だ。

エキゾチックな雰囲気の街で、大きなモスクが数多くあり、夕暮れ時ともなるとミナレット（尖塔《せんとう》）の奥に陽が沈み、コーランの声が響く。目の前の海がヨーロッパとアジアを隔てているボスポラス海峡だと思うと、なおさら旅情がかき立てられる。明らかにアジアというか中近東の雰囲気であるが、ヨーロッパ調のモダンな路面電車が走り、街行く人たちも白人が多い。ホテルの料金表はユーロ表示ということもあり、やはりアジアとヨーロッパの接点であることには間違いない。

シルケジ駅はそんなイスタンブールのヨーロッパ側

のまさに突端にあり、名実ともにヨーロッパの終着駅（アジアから見れば始発駅）である。アジア側とを結ぶ連絡船乗場からも近い。北の果ての終着駅、南の果ての終着駅といった侘《わび》しさはないが、大陸の始発駅に相応しい雰囲気を持っている。

　この駅は『オリエント急行殺人事件』『007ロシアより愛をこめて』など、名作といわれる映画の舞台ともなった。オリエント急行（オリエント・エクスプレス）とは、かつて航空機が発達する以前、ロンドンやパリとイスタンブールを結んでいた長距離列車である。実際にここを訪れてみると、映画の舞台に選ばれたことが納得できる雰囲気というか風格を持っていることに気付く。「ここが映画の舞台となった」というより「映画撮影のためのセットでは」と感じるくらいだ。現在でもシルケジ駅の最も駅舎寄りのホームは当時のまま保存されている。しかし、このホームには列車の発着がなくなった。

アジアとヨーロッパを結ぶ「マルマライ計画」

２０１３年、日本の安倍晋三首相も出席してボスポラス海峡を横断するトンネルの開通式が行われた。トルコでは「マルマライ計画」が進んでいる。ヨーロッパ側の鉄道とアジア側の鉄道を海底トンネルで結び、海峡によって分断されているヨーロッパ側とアジア側の往来を促進させようというのである。この間は2本のボスポラス海峡大橋で結ばれているが、橋に続いて海底トンネル建設でも日本企業が多く関わったために、開通式に日本の首相も出席したのである。シルケジ駅は地下ホームになってしまった（地上駅は保存）。マルマライ計画によってイスタンブールの鉄道網は大きく変わろうとしている。

かつて長距離列車が発車する時、この鐘が鳴らされた

現在も駅舎が残されているものの、地下ホームへの入口といった役割に

かつてアジアの終着駅だった建物が保存されている

イスタンブール・ハイダルパシャ駅（トルコ）

イスタンブールのヨーロッパ側の有名観光地、ガラタ橋のたもとにあるエミニョニュという船着場から連絡船に乗ると、20分ほどでアジア側のハイダルパシャに到着する。東欧の古城のような立派な建物が見えてくるが、それがハイダルパシャ駅である。駅とは思えないような立派な建築物であるが、初めてここを訪れる人は建物の前に蒸気機関車が飾られていることで「これが駅だな」と分かる。

ヨーロッパ側から見ると「アジアの始発駅」、アジア側から見ると「アジアの終着駅」であり、事実ここから首都アンカラ行きの列車などが発着し、かつては日本人バックパッカーなども、隣国イランから湖の連絡船と鉄道を乗り継いでこの駅に降り立ったのだ。しかし、現在は、シルケジ駅の項でも述べたマルマライ計画によってこの駅は閉鎖されている（見学のみ可）。

イスタンブール〜アンカラ

イスタンブールのアジア側に鎮座する

間は高速鉄道で結ばれることになり、マルマライ計画により高速鉄道が全面的に開業すると、イスタンブール市街地では海底トンネルを含む地下を運行し、将来的には西隣のブルガリア国境近くにまで延伸する計画なのだ。

　列車がアジアとヨーロッパを直通するのは喜ばしいことだが、イスタンブールでは、アジア側にもヨーロッパ側にも終着駅らしい駅はなくなってしまうわけで、寂しさも感じる。

昔同様、律儀に運行するトルコ国鉄

イズミル・アルサンジャック駅（トルコ）

トルコは高速鉄道の建設を進めていて、一部区間が開業に漕ぎ着けているが、トルコ国内の長距離移動に便利なのは鉄道ではなく、一般的には長距離バスである。そのため、現在はトルコの鉄道は決して国内の基幹交通機関とはなっていない。しかし、トルコ国鉄は市内の一等地に駅を有し、主要路線に鉄道を、少ないながらも律儀に、諸物価に対し安く抑えた運賃で走らせていることも事実だ。どちらかというと、トルコの鉄道は昔から変わっていないものの、周りの環境が変わってしまったといえるのかもしれない。

トルコ第2の都市、そして保養地としても知られるイズミルのアルサンジャック駅も、エーゲ海に面するプロムナードに近い中心地にあるが、昔のままの姿で駅として機能している。

といっても、近郊列車を除くと、長距離列車が発着するのは1日2本、首都のアンカラ行きとバンドゥルマ行きが発着するのみである。バンドゥルマからは、マルマラ海を渡る高速船に乗

鉄道は基幹交通機関ではないものの
国鉄を示すマークが誇らしげに立つ

り継ぐことでイスタンブールに達することができる。

アンカラからの列車が到着。
どこか趣のある構内であった

第3章

アジア

クアラルンプール駅（マレーシア）

砂漠、そして緑の草原を行く国際列車でモンゴル入り

ウランバートル駅（モンゴル）

鉄道ファンがモンゴルへ行くのであれば、北京から鉄道でウランバートル入りすることをおすすめする。この間は24時間以上を要するが、車窓がいい。

電気機関車に引かれて北京を出発した列車は山峡を川に沿ってトンネルを何度もくぐって北上する。やがて内モンゴルに入るとディーゼル機関車に付け替えられ、荒涼とした大地を行く。そして深夜にモンゴルとの国境にある二連《エレン》駅に到着、ここから線路は標準軌から広軌に変わるので台車の履き替えが行われる。翌朝目覚めると列車はゴビ砂漠を淡々と走っているが、やがてそれが緑の草原へと変わる。

モンゴルの鉄道はロシア製の車両が使われていて、ロシアとの間には国際列車が毎日走っている。首都ウランバートルの街並みも社会主義国家を色濃く匂わせていて、ここがアジアであることを忘れさせる。街には東欧を思わせるトロリーバスが行き交う。英語の通用度は低く、外国語が通じるとするとロシア語であることが多いが、私が日本人と知ると、「アサショウリュウ、ヨコヅナ」など

駅にはSLが飾られていた。奥が駅舎、右が国際列車で、改札口はない

と気さくに話しかけてくる。日本とは特別なつながりもあるようで、国民の多くは、平均的な日本人よりずっと日本の大相撲のことを知っていた。

車掌は各車両1人、モンゴルでは憧れの職業

アジアの国ではあるものの、ロシアを感じさせる

鉄道大国インドの世界遺産

ムンバイ・チャトラパティシヴァージーターミナス駅（インド）

何とも舌を噛んでしまいそうな長ったらしい駅名であるが、以前は「ヴィクトリア駅」と呼ばれていたし、都市名もムンバイではなくボンベイであった。インドはイギリス統治時代を経ているが、基本的に英語読みであった地名などを現地語に変更したので名称が変わったのである。カルカッタがコルカタに、マドラスがチェンナイになったのも同じ理由である。

ボンベイ改めムンバイは首都ニューデリーを抑えてインド最大の都市で、インド経済の中心地である。そのムンバイに発着する鉄道の一大ターミナルが、チャトラパティシヴァージーターミナス駅である。インドの王宮を思わせる壮大な建築物で、知らない人が見れば鉄道駅には見えないはずで、国会議事堂といわれても納得するよう

な建築物である。世界遺産にも登録されている。

インドは国土が広く、その広い国土に鉄道が張り巡らされていて、鉄道はインド国内の基幹交通機関として活躍している。とかく広い国土を持つ国、たとえば、アメリカ、カナダ、メキシコ、ブラジル、オーストラリアなどでは鉄道はうまく機能せず、衰退傾向であるが、インドはこれらの国とは異なり、鉄道が重要な役割を担っている。

大きな違いはやはり人口の多さである。世界で人口の多い国ベスト3は、1位が中国14億人、2位がインド13億人で、3位アメリカは3億人と急に少なくなる。人口と鉄道は密接な関わりがあるようで、中国とインドはともに広い国土でありながら鉄道が重要な交通機関となっている。鉄道は一度に多くの人を運ぶことができ、その輸送に必要なエネルギーも少なくてすむ。

1等と2等は雲泥の差、体力勝負の列車が多い

しかし、中国では近年、高速鉄道網の延伸などで鉄道が快適になったが、インドは違う。一部にエアコン完備、全席座席指定、食事付きの等級もあるが、一般庶民の利用する普通車は自由席。いつも混んでいて、エアコンもない。軌間が1676ミリという広軌ゆえに車体幅が広いが、3人掛けが2つ並ぶ横6列座席、窓からの乗降をさせないために窓には鉄格子がある。ドアは開けっぱなし、そこを物売りが人を押しのけて行き来する。

1等と2等があり、さらにエアコンの有無、長距離列車が多いので座席車や寝台車などさまざまな等級があり、インドは階級社会なので、エアコン付きの寝台車とエアコンなしの座席車では雲泥の差となる。国鉄ということもあって2等運賃はかなり安く抑えられて

夜はライトアップされ、昼とは違った印象を与えてくれる

いるが、体力勝負の列車となっている。

世界的にはLCCと呼ばれる格安航空会社が鉄道運賃を下回り、人気を博しているが、インドでは航空機は庶民には手の届かない存在だ。LCCも多く飛んでいて、運賃は安いのだが、鉄道は1等でもLCCよりはるかに安く、エアコンなしの2等座席車はさらに大幅に安いので、庶民の鉄道運賃とLCCを比べると10倍以上の差が出てしまうのだ。

日本は現在、経済発展を遂げている国に対する新幹線技術の輸出などに力を入れようとしているが、インドの鉄道が快適になるまでにはもう少し時間を要するような気がする。

アジア最貧国といわれるが、鉄道は庶民の暮らしを乗せて走る

ダッカ中央駅（バングラデシュ）

ダッカ中央駅はコムラプール駅とも呼ばれる。駅は少し空港を思わせる近代的なデザインで開放的な作り、バングラデシュの首都ダッカの最も近代的な地域にあり、周囲には高層ビルもある。

しかし、バングラデシュはアジアでも最貧国といわれる。人口が多く、国土の多くが低地だがインフラが整っておらず、毎年のように雨季には川が氾濫《はんらん》し、洪水となるので衛生状態も良くない。こういった環境がこの国の発展の妨げになっている。

川が多いので水運が発達しているが、国民の多くは貧しく航空や高速道は発達していない。そのため鉄道の役割は大きく、混雑時の鉄道は屋根にまで人が鈴なりとなる。

イギリス統治時代を経ているため、鉄道はイギリス流で建設が進められたが、この国の鉄道の問題点に、国土がそれほど広くないのに複数の軌間が存在することがある。インドに通じる西部と、バングラデシュ第2の都市

人であふれ、駅前にはリキシャーと呼ばれる三輪タクシーがたむろ

チッタゴンがある東部では軌間が異なり、車両の直通ができないのである。そのため一部の区間は双方の車両が運行できるように3本のレールを敷設するなどの対処を行っている。

ガンジス川をはじめとする大河が国土を貫いているため、大掛かりな鉄道橋が必要になってしまうのも財政的に辛いところである。

しかし、隣国インドとの間には国際列車も運行されるようになり、ダッカ〜コルカタ間には「マイトリーエクスプレス」がある。

観光客が世界で最も注目すべき国

コロンボ・フォート駅（スリランカ）

スリランカは長く続いた内戦が終結し、現在では観光客が世界で最も注目すべき国といわれるまでになった。鉄道のシステムはイギリスを手本としているので日本人にも馴染みやすく、「駅で写真を撮りたい」旨を話すと、入場券（プラットホーム・チケット）があると教えてくれた。

スリランカの鉄道ではビュッフェに想い出がある。以前コロンボ空港の国際線待合室で食べたカレーが美味しかったので、コロンボのホテルのルームサービスでカレーを注文しようとしたところ「日本人にはスパイシーなのでおすすめしない」といわれ、仕方なくパスタを食べた。そして後日、キャンディに向かうインターシティのビュッフェにカレーパンがあったので買ってみた。日本のような揚げパンではなく、パンの大きさに対してちょびっとしかカレーが入っておらず、「ケチな作り」と思って食べたが、舌がカレーの部分に触れた途端、口の中は燃えるような辛さに見舞われた。慌てて飲み物を注文したが、終点のキャンディまで口の中は熱かった。

ホテルの対応は正しく、また、空

キャンディやゴールへの列車が出る。サリーをまとった女性も

スリランカの鉄道網の中心

港で食べたカレーは外国人用に辛さを抑えていたのであろう。激辛カレーに自信のある方は、ぜひスリランカのカレーを試していただきたい。

日本の中古ディーゼルカーが観光列車として活躍する

ヤンゴン中央駅（ミャンマー）

ミャンマーは以前「ビルマ」と呼ばれていた国である。長い期間にわたって鎖国のような政策をとっていたので、インフラが整っておらず、鉄道も全線が未電化で、線路状態なども決してよくない。しかし、仏教国ということもあり、人々は穏やかで、東南アジア旅情に満ちた国である。民主化の進展で、日本からの投資も増え、成田と定期直行便でも結ばれるようになった。

ヤンゴン中央駅はミャンマーの鉄道の要となる駅で、ミャンマー第2の都市マンダレーや観光地のバガン、チャイトーへの列車が出る。また、ヤンゴンには環状線もある。ただし環状線といっても列車は1時間に1本程度、1周すると2時間以上かかり、車窓の大半は田園風景である。全体的に鉄道は庶民の大切な足であるが、近代化が遅れており、観光客が利用するには余裕を持ったスケジュールと体力が必要であることも事実である。暑い国であるにもかかわらず冷房車はほとんどない。

私が2004年にこの国の鉄道に乗った際は、外国人は米ドルでしか

駅は南国の木々に
囲まれていた

切符を購入できず、運賃も現地の人の何倍もの額であったが、2014年に再訪した際は、外国人料金はなくなり、現地通貨で購入できるようになっていた。

現地価格で購入できるようになって驚いたのは運賃の安さで、ヤンゴンから74キロほど離れたバゴーという遺跡の点在する街を往復してみたが、その運賃はアッパークラスという最上級の座席で片道1200チャット、日本円で約140円であった。ヤンゴン中央駅のホームで改札があるのは長距離列車のホームのみで、近距離列車のホームには改札はなく、いつでも自由に出入りできる。ホームには物売りがたくさんおり、屋台のような店まである。そこで焼きそばに似た麺を試してみたが、その価格は200チャット、約23円であった。

ミャンマーの鉄道には3つの等級があり、普通はクッションのないベンチのような座席、1等はクッションのある座席、そしてアッパークラスはリクライニングシートである。ただし、外国人は1等かアッパークラスしか購入できないというルールは以前と変わっていなかった。

こんなミャンマーに全席アッパークラスという豪華列車が走るようになった。ヤンゴンから観光地のチャイトーに週末のみ1往復運行するもので、「チャイトー・スペシャル・エクスプレス」という。この列車は日本とも大いに関わりがあり、使われている車両はJR西日本で長らく大阪〜鳥取間の特急「はまかぜ」として活躍した車両が、引退後にミャンマーに送られたものである。ミャンマーでは初の全車冷房車という特別な列車で、おもに富裕層や外国人観光客をターゲットとしている。座席が回転して向きが変えられるというのも初めてで、乗車して間もなく、車掌が乗客一人一人に「この座席は回転しますがどうしますか?」と尋ねていたのが愉快であった。

日本の中古ディーゼルカーで運行の「チャイトー・スペシャル・エクスプレス」

ミャンマー国鉄の要となるヤンゴン中央駅

客席にタイ料理を出前してくれる

バンコク・フワランポーン駅（タイ）

タイの鉄道の要となるのがバンコクのフワランポーン駅である。タイの鉄道主要路線はこの駅を始発とし、チェンマイやノンカーイなどの地方都市を結んでいる。アジアには少ない終着駅スタイルの駅で、ホームは大きなアーチ状の屋根に覆われ、鉄道旅情に満ちている。改札などはなく、終日さまざまな人が行き交う活気ある駅である。

タイといえば屋台が頭に浮かぶが、それは鉄道駅とて例外ではない。列車の発車前にはホームにガイアーン（焼き鳥）などを焼く香ばしい匂いが立ち込める。日本でも近年はタイ料理が人気となっているが、タイの鉄道の食堂車は利用価値が高いし、この国で鉄道旅行をする上での大きな楽しみだ。食堂車で食事をするだけでなく、客席に出前もしてくれる。しかも使い捨ての皿などは使わないので、食堂車の従業員は、列

フワランポーン駅はバンコク中央駅と呼ばれることもある

車が発車すると注文を取って回り、食事を運び、頃合いを見計らって皿を回収に来る。

日本では列車の食堂車は皆無といえるが、その点、タイではひとつの列車を走らせるのにさまざまな裏方が手間をかけているという印象があり、鉄道旅行がおすすめできる国である。

メークローン駅（タイ）

市場の中を日本製ディーゼルカーが行くアジアの名所

市場を行く日本製ディーゼルカー。この光景はタイの新名所タイのローカル線に、市場の中を列車が走る区間がある。バンコクのウォンウェンヤイ駅から列車で西へ1時間でマハーチャイへ。渡し船でターチン川を越えると対岸にバーンレームという駅があり、さらに西へ1時間たどると列車が市場の中を走るメークローンに到着する。単線非電化の路線で、おもに日本製のディーゼルカーが行き来している。「日本製」と聞くと立派な車両にも思えるが、1年中暑いタイにもかかわらず冷房はなく、自動ドアのはずなのに開けっ放しで走っていることが多い。

正確に記すと、列車が市場の中を走るというよりは市場の中を線路が通っていて、列車は1日数本しかないので、列車が通るときだけ商品を片付けるのである。列車が通る前には駅員が笛を吹いて合図する。確かに、列車が市場のようなところを走るだけでよければ、タイには数多くあるような気がする。

この路線はローカル線なので、外国人客が乗っていればまず市場を見に来た観光客である。終点が近付くと車掌は私に手招きをし、市場の中を走る光景を運転台から見せてくれた。列車は警笛を鳴らしながら、徐行で市場の中を進む。ところが、カメラを構えてシャッターチャンスを狙っていたものの、現地では台湾からの観光客が列車を待ちわびていて、こっちがカメラの放列を浴びることになってしまった。

駅構内の線路上には店はないが、線路ギリギリまで商店が並んでいる

現在は半ば観光化されていて、この光景を見るためにアジアなどから訪れる観光客が多く、台湾からの観光客は貸切バスで先回りして鉄道を見に来ていたのだ。

メークローンはタイの田舎の小さな町であったはずだが、駅の近くには、市場の中を走る列車の絵葉書などを売る土産物屋も多くあった。

バンコクから日帰りで タイの庶民生活に触れられる

朝早くにバンコクを出発すれば、ローカル列車で往復しても日帰りが可能なので、ぜひ列車でメークローンを訪ねてほしい。

タイは親日国でもあるので日本人も多く訪

列車が通った後はご覧の通り
線路の上にも商品が置かれる

れているが、その多くはバンコク、チェンマイ、アユタヤなどの観光地やプーケットのリゾートに滞在している。快適ではあろうが、それでは本当のタイの庶民の姿に接することが少ないだろう。

その点、バンコクからメークローンまでをローカル線〜渡し船〜ローカル線とたどると、さらにディープなタイを体験できることは間違いない。そもそも、日本でなら、川があったら橋で越えるというのが一般的であり、鉄道が川の手前で終点となり、渡し船で渡って新たに鉄道路線がはじまるというのも、地を這《は》う貴重な旅行体験である。

バンコクから北へ750キロ、避暑にも最適な古都

チェンマイ駅（タイ）

タイ北部のチェンマイはタイ第2の都市で古都でもある。首都バンコクから750キロほどの距離があり、陸路で移動するなら夜行列車がおすすめである。

チェンマイはタイ北部の少数民族の村などを訪ねる拠点になっており、外国人観光客も多く訪れることから、バンコク〜チェンマイ間には寝台専用列車も1日2往復運行されている。しかも、そのうちの1往復は日本人鉄道ファンには懐かしい、「ブルートレイン」で運行されている。とは言っても日本で運行されていたときは車体が青いため「ブルートレイン」と呼ばれていたが、タイでは紫のデザインに変更されてはいるが。

高温多湿のバンコクを夜行列車で出発し、翌朝チェンマイに到着すると、タイの寺院風の建築物の駅が迎えてくれる。バンコクと違ってチェンマイは海抜300メートルにあるので、幾分空気が乾いていて、朝晩は少し涼しく感じるくらいに爽やかな気候となるのがいい。また、大都市バンコクと違ってチェンマイの街はコンパクトにまとまっている。

寺院風の建築物が愛らしい
タイの古都チェンマイ駅

チェンマイ市内での便利な交通機関は「トゥクトゥク」という三輪車のタクシーだ。時速は40キロも出ないが、車体に壁がないので肌に受ける風が爽快である。

タイは日本や欧米のバックパッカーが多く訪れる国で、バンコクの喧噪に飽きるとこのチェンマイにやってくる旅人が多い。タイらしさが満喫できるとともに、観光客の受け入れ態勢も整っている。少し時間に余裕を持って訪れたい街である。

乗車時間たった15分のローカル国際列車が日に2本走る

タナレーン駅（ラオス）

ラオスは東南アジアにおける内陸国で、社会主義国ということから、日本から近い割に知られざる国でもある。鉄道もほとんどなく、近年になってタイ東北部のノンカーイからメコン川を渡ってラオスの首都ヴィエンチャン郊外のタナレーンまで鉄道が達するようになった。ラオスにある鉄道駅はタナレーン1カ所のみで、タイのノンカーイとの間に国際列車が1日2往復している。乗車時間はたった15分、タイとラオス国境に流れるメコン川を渡るだけのまさにローカル国際列車で、欧米やアジアからの観光客で賑わっていた。

タナレーン駅はヴィエンチャンから路線バス、小型バス、さらにバイクタクシーを乗り継いだ先にあり、かなり不便なところにある。ラオスとタイの間は人の往来は多いが、彼らは頻繁に国境を行き来するバスを利用していて、鉄道を利用するのは遠方からの観光客だけなのである。駅の裏ではのんびり牛が草をはみ、列車が出発する時だけ乗客のパスポートのチェックがあったが、およそ国境駅といった緊張感はない。列車はオーストラリアの援助で架けられた道路・鉄道併用橋を渡る。1日2回、列車が通る時

ラオス唯一の鉄道駅。こぢんまりしているが新しくきれいな駅舎

だけ道路交通を遮断するのである。
おそらく、世界でも最ものんびりした国際列車の旅が味わえる区間であろう。

利用者の多くは海外からの旅行者。国境駅のため出国税を払う

フランス流で建設された路線を中国流の車両が走る

サイゴン駅（ベトナム）

ベトナム戦争が終わり、サイゴンがホーチミンと呼ばれるようになって40年が経つが、駅名はずっとサイゴン駅のまま推移している。「ガー・サイゴン」と呼ばれ、「ガー」がベトナム語で駅を示している。ベトナムの鉄道は、フランス植民地時代に建設されたため、駅を示すフランス語の「ガール」が語源である。フランス時代の名残はサイゴン駅前にも見られ、かつてこの地で活躍したフランス型の蒸気機関車が飾られている。

サイゴン駅はベトナム縦貫鉄道の南の起点で、この鉄道はホーチミンから1726キロ北の首都ハノイまでを2泊3日の行程で結んでいる。かつて南ベトナムと北ベトナムに分断されていた国家を貫く路線なので、南北統一鉄道とも呼ばれた。

鉄道はフランス技術で建設されているが、ベトナムは社会主義国ということもあり、運行している列車は中国の影響を受けている。

ホーチミンとなった現在も
駅名はサイゴンだ

中国では高速鉄道を除くと、1等車、2等車ではなく軟座、硬座と表現する。つまり1等は軟らかい座席、2等は硬い座席という意味であるが、ベトナムでも1等はSoft seat、2等はHard seatと表現する。使われている車両も中国スタイルのものが多く、電化区間はないので全列車がディーゼル機関車の引く客車である。中には2階建て車両もある。

ホームで買える「バインミー」が美味

ベトナムの国土は南北に細長いため、その地方によって風土が異なり、南北縦貫鉄道はそういった風土の違いを乗せて行き来している。ホーチミンなどがある南部は一年中が夏の気候で、いわゆる東南アジア風の風土である。ダナンやフエのある中部は雨が多く、雨季には洪水になることもしばしば。気候に恵まれた地ではないが、この地域は遺跡が多い。そしてこの中部を境に北と南では気候が変わり、ハノイなどがある北部は冬季は涼しくなり、一年中暑い南部とは気候が異なる。

ベトナムは食べ物が美味しいことでも知られる。お米で作られた麺「フォー」なども人気があるが、フランス植民地だった過去があるため、フランス料理とアジア料理がうまく融合しており、身近なところではパンが美味しい。ベトナムのサンドイッチは「バインミー」と呼ばれ、駅のホームなどでも販売されている。サンドイッチに挟む具はその場で調理してくれるので、温かい具が入っており、本場フランスのものより日本人の口に合っているかもしれない。海外なのにはずれが少ないというのが、ベトナム料理が好まれる一面である。

南北ベトナムを結ぶ
鉄道の南の始発駅

駅前にはフランス製
SL が飾られていた

中国への国際列車も発着する
ハノイ駅（ベトナム）

社会主義の雰囲気を
漂わせている

ベトナムは南北に長い国で、南部のホーチミンから北部のハノイにやってくると、同じ国とは思えないほど雰囲気が変わる。気候など風土が変わることはすでにサイゴン駅の項で述べたが、人の気質が変わるということが街の雰囲気を変えているような気がする。南部の人は商魂たくましく、中部は気候に恵まれない分、努力家が多いらしい。そして北部はというと、社会主義国家だけあってどうしても官僚的な雰囲気がするのである。

ハノイ駅は路線によって駅が若干変わる。サイゴンからの南北縦貫鉄道が到着する駅のほかに、ハノイ駅から徒歩15分ほどのハノイB駅という駅もある。ハノイB駅からは島々の遊覧で人気のハロン湾に通じるハロン方面行きがあるほか、ドンダンへの路線とラオカイへの路線があり、ともに中国との国境駅への路線である。

ベトナムの鉄道は狭軌ながら、ドンダンへの路線は中国と同じ標準軌なので、ハノイ発北京西駅行きの列車もある。ラオカイ行きに乗ると、中国雲南の昆明方面へ接続することができる。このルートは欧米人観光客などに人気のルートである。

でき、バンコク〜バターワース〜クアラルンプール〜シンガポールと旅することができる。バターワースはマレーシアのペナン島に接続する半島側の都市で、ペナン島へはフェリーで渡ることができる。

このルートはアジアでも国際列車の旅ができると評判であったが、近年はかつてほどの人気がなくなっている。マレー鉄道の知名度は高いものの、マレーシアは高速道路の整備で、国内の基幹交通機関は完全に高速バスがとって代わり、マレー鉄道は年々本数を減らしている。クアラルンプールからバターワース、シンガポール方面ともに昼間の列車と夜行列車が1本ずつ運行されるのみとなり、利用者の多くが汽車旅旅情に浸りたいという外国人観光客で占められ、地元の人は便利で本数の多い高速バスを利用している。

少し寂しい状況ではあるが、列車の本数は少なくとも、私はマレー鉄道の旅をおすすめしたい。できればバンコクから国際列車でマレーシア入りし、シンガポールに抜けてみたいものである。タイは仏教の国で、大きな街が近づくと車窓にお寺が現れるが、マレーシアに入るとそれがモスクへと変化する。タイの田舎では水田が多いが、マレー半島ではゴム園などが多くなり、東南アジアの車窓が満喫できる。

発着するのは中国製の
通勤電車

電車には終日、女性専用車両
が連結されている

オランダ流で建設された駅に東京の中古電車が発着する
ジャカルタ・コタ駅（インドネシア）

インドネシアは以前オランダの統治時代があり、ジャカルタ・コタ駅はその時代にオランダ人によって設計されており、どこかヨーロッパの終着駅の雰囲気を漂わせている。

インドネシアの鉄道は日本ではあまり知られておらず、日本からインドネシアに渡航する観光客の多くがバリ島へ向かうが、バリ島は小さな島で鉄道がない。鉄道があるのは首都ジャカルタのあるジャワ島と、そのジャワ島とは連絡船で結ばれているスマトラ島である。その2つの島では鉄道が庶民の足として運行されており、長距離区間には夜行列車もある。熱帯を行く車窓には東南アジアならではの旅情がある。

コタ駅で日本人の目を引くであろう列車が、ジャカルタ郊外の街からやってくる。日本人には見慣れた外観の電車で、何と「中央林間」「西船橋」などと、日本語で行先が表示されていたりする。ジャカルタでは、おもに東京のJR、地下鉄、私鉄で不要になった電車が譲渡されて活躍している。中古といえども性能のいい日本の電車は現地でも好評のようで、「中央林間」などと表示されたままになっているのは、日本製の証なのだそうである。

コタ駅はオランダ統治時代にオランダ人によって設計されている

日本の中古電車が多く活躍。右は現地製車両、左は元東京急行電鉄 8000 系

ジャカルタでは都市人口が膨らんでおり、交通インフラの整備が急務となっている。そんな都市において日本の通勤電車が第2の活躍場所として運行しているのである。

諸事情で鉄道があまり活躍できないものの通勤列車が発着

マニラ・トゥトゥバン駅（フィリピン）

南国の島国フィリピンにも鉄道があり、起点となるのがマニラのトゥトゥバン駅である。フィリピン国鉄の要となる駅だけあって、駅前には昔の蒸気機関車が飾られ、駅の中にはキリスト教会まで併設されていた。しかし、フィリピンにおける鉄道の役割は薄れていて、陸上交通の主役は便数やルートの豊富なバスであり、長距離となると大小さまざまな島から成るため、フェリーが国内交通の主役となる。かつては長距離列車もあり、夜行列車まで運行されていたのだが、近年は台風の直撃によって鉄道施設が破壊され、資金難などから復旧されずそのままになっているのである。

現在、鉄道として機能しているのは、トゥトゥバン駅から約30キロ離れた近郊のアラバンまでの通勤列車で、こちらは30分〜1時間に1本の割合で列車がある。多くは東京の常磐線から地下鉄千代田線へ乗り入れる列車として活躍した電車で、電化していないフィリピンではこの中古電車をディーゼル機関車が引く客車として使用している。しかし、車両外観はかなり変わっていて、窓はすべて金網で囲われている。沿線は貧困層が暮らす地域が多く、子供の投石から窓ガラスを守るためだそうだ。

フィリピン国鉄の要となる
マニラのトゥトゥバン駅

駅の中にはキリスト
教会があった

そもそもトゥトゥバン駅は、東南アジア最大のスラム街ともいわれるトンド地区に隣接する場所にあり、観光客が行き交う地域にあるわけではない。アジア各国が経済発展を遂げる中、フィリピンは取り残されているといった印象は拭《ぬぐ》えず、貧富の差が大きくなっているとも感じる。

終日混み合う首都の駅

北京駅（中国）

近年日本を訪れる観光客が増加するなど、海外旅行需要が旺盛な中国だが、それにもまして多いのはやはり国内需要だ。広い国土を持つので、国内といっても海外旅行並みの長距離移動を伴う。

中国国内では航空需要が飛躍的に伸びているが、それでも国内での鉄道需要は大きく、高速鉄道は世界一の路線規模になったものの、今後も建設計画は多くある。長距離列車は20両ほどの客車を連結し、多くが満席で運行している。増発を重ねても需要に追い付かず、日本の鉄道会社からするとうらやましい状況かもしれない。

中国の鉄道は日本とは異なる部分も多い。中国鉄路総公司という国有企業（実質は国鉄）が一括運営し、日本の山手線、私鉄、通勤列車に相当するものはな

地方から首都北京を目指す
出稼ぎ労働者も多い

く、そういった需要は市などが運営する地下鉄が担う。中国の列車はあくまで長距離主体である。

近年は近隣の都市への高速鉄道が発達し、乗車時間が1時間に満たない列車も登場したが、それでも100キロに満たない距離を鉄道に乗ることはまずない。およそ鉄道といえば、500キロ、1000キロにわたって乗車し、1泊2日は当たり前、2泊3日の行程も珍しくない。

売店でも車内でもトイレットペーパーが販売されている

乗車前には売店で食料などを調達するのだが、必ずトイレットペーパーが1個単位で売られている。トイレットペーパーも自身で用意するというのが中国流である。

一方、中国の列車に必ず備え付けられているのが給湯器だ。お湯は中国の人々にとって必需品で、駅でも列車内でも無料で調達できる。車両の給湯器にお湯を絶やさないようにするのも車掌の重要な役割だ。中国人は必ず水筒のお茶を持って列車に乗る習慣がある。

売店ではペットボトル飲料が売られているが、売られ方が日本とは異なる。日本のコンビニなどでは飲料はほとんどが冷やされた状態で売られている。ところが中国では売店でも半分以上の飲料は常温だ。中国人はお腹を冷やすことを嫌い、温かい飲料を絶やすことがなく、冷たい飲料を好まない人が多いのである。

お湯がどこにでもあることからカップ麺も多く売られているが、日本のように箸はもらえない。中国ではカップ麺の中に折り畳み式フォークが入っているのが普通で、カップ麺さえ買えばどこででも食べられる状態になっている。

北京駅を発車する長距離列車。
20両編成などは当たり前

中国の列車の旅に
カップ麺は付き物

奇抜な建築物が目を引く

北京西駅（中国）

中国の首都北京には主要駅が4つある。北京駅、北京西駅、北京南駅、北京北駅である。しかし、ヨーロッパの駅のように行先別に分かれているのとは少しニュアンスが異なる。北京駅は以前からあるが、北京西駅は新しい駅、北京南駅はごくごく最近できた駅、北京北駅は以前からあったローカル駅を大改装して大きな駅にしたものである。これらの駅は方面別に分かれているのではなく、利用者が多くなったので、それまでの駅だけでは対応できなくなり、新しい駅を次々に持つようになったのである。中国らしい現象である。

北京西駅の特徴は何といってもその奇抜な外観であろう。世界の中には、美しいと称する人たちも多いが、おそらく日本人は「何だこれは?」と思う人が多いのではないだろうか。近代的な大きなビルの上にお寺が載っかっているような建築物である。日本でも京都駅がかなり奇抜な駅ビルで賛否両論あるが、だからといって京都駅を近代的な建築物にし、その上に京都の象徴として金閣寺を載せたような形にはしないだろう。しかし、それを難なく実行してしまうのが中国である。

近代的なビルの上にお寺を載せたような、何とも奇抜な建築物

列車を待ちくたびれたのか、希望の列車の切符が取れなかったのか

中国が国産を自負する車両。最高速度にちなみ CRH380 と名付けられた

中国では似たようなことはけっこう体験する。たとえば、世界遺産の万里の長城はジェットコースターのような乗り物で上下することができる。やはり日本人にはない発想である。

上海駅（中国）

中国では外国人は切符を買うのも一苦労

中国の鉄道駅はどこでもそうだが、切符売場は駅の中ではなく駅の隣の建物だったり、メインの入口ではなくその横にあったりする。そこで切符を購入しないと駅の建物に入ることができないというのが一般的だ。切符のチェックがあって、その次に荷物検査があり、駅構内に入ることができる。

列車にはそれぞれ待合室があり、発車の10分前くらいにならないと改札が始まらない。列車はすべて全席指定席なのに、改札が始まると我先にと人が殺到する。切符売場はいつも混雑しており、窓口から縦に金属の手すりが並べられている。割り込みなどをしないように、切符を買う客を整列させるためである。

中国の列車を何度か利用

近代的な駅舎だが、他の中国の駅同様、切符を持っていないとビルに入れない

していて思うのは、中国での多くの現象の要因は、詰まる所「人が多い」ということに起因しているように思える。その多い人をどうやってスムーズにさばくかという点が重視されているのだ。駅の入口と出口の通路は分けられており、両者がすれ違うことはなく、一方通行である。

しかし、近年は変化も見られる。切符売場には自動券売機が多くなった。自動券売機といっても長距離列車しかないので、指定席券販売機である。ところが日本人など外国人は、この機械で残席照会はできるが、残念ながら切符購入はできない。切符購入には身分証明書をかざす必要があるのだ。結局、外国人は有人窓口でパスポートを提示して購入となる。中国国内では身分がはっきりしないと鉄道移動もできないことになる。

鉄道の近代化は急ピッチで進んでいる

列車も変わりつつある。中国では少し前までは長い編成の客車で、それを電気機関車、またはディーゼル機関車で引いていた。以前は1車両に車掌が1人乗務し、乗客の切符の管理、給湯器の管理、トイレの清掃に至るまでを行っていた。ほとんどの列車が丸1日以上かけて運行するので、終着駅に到着した列車は車庫に回送し、清掃などが行われる。

ところが、中国でも高速鉄道が増えた。これらは客車ではなく、自らが動力を持つ電車で運行されているので、終着駅に到着後、列車は回送されず、ホームで清掃や座席の向きを変えるなどの作業が行われて、折り返し列車となる。当たり前のことに思えるが、中国では近年になってようやくこのような列車が誕生した。車掌も1車両に1人とは限らず、1人で2〜3車両を受け持つようになった。

電光掲示板には夜遅くまで
出発列車の表示が絶えない

高速列車の発着する割合が
多くなった

需要の増加で次々と中国に誕生した新駅のひとつ

上海南駅（中国）

中国では列車の増発、高速鉄道の開業によって、主要都市に新しい駅が次々に誕生している。北京南駅、広州南駅、大連北駅、西安北駅、青島北駅等々、今後もこういった駅は次々に開業しそうである。どの駅にも共通しているのは、従来の駅だけでは需要に対応できなくなったため、郊外に大きな駅を建設したというもので、発着する列車は高速列車が中心である。市内中心地からは地下鉄などで連絡させているが、地下鉄建設が間に合わず、現在はバス輸送に頼っている都市も少なくない。

どの都市にも共通しているのは、駅のある場所のローカルな地名などは使わず、大都市名に東西南北をプラスしている点だ。駅の構造やスタイルもほとんど同じであり、建設時期も同じため、鉄道駅は中国どこへ行っても同じで、金太郎飴状態になりつつある。

中国での鉄道のスピードアップには目覚ましいものがあり、高速鉄道の延伸で、それまでは夜汽車に揺られて十数時間を要していたような都市間が数時間で結ばれるようになった。そのため、駅

上海南駅は円形の建築物である

新しい駅であってもすぐに人、人、人の波が押し寄せる

が少々市内中心地から遠くなっても仕方がないという考えがあるのだろう。

これらの駅は郊外に広い土地を求めて大規模に建設されたため、空港のような雰囲気である。明るく広々しているのはいいことだが、鉄道旅行といった旅情は希薄に感じる。

いつも地方出身者などでごった返し、かつての上野駅が思い起こされる

広州駅（中国）

広州は中国南部の大都市である。広東省の省都で、香港にも近く、広東語が飛び交っている。中国の標準語である北京語と広東語はまったく違う言語で、お互いの言葉は理解できない。広州は中国では北京、上海に次ぐ大都市で、地方都市からの出稼ぎ労働者も多いのだが、地方都市出身者が話すのは中国の標準語である北京語なので、広州では中国人同士なのに言葉が通じないという現象もあるようだ。日本にも方言はあるが、だからといって意思疎通できないわけではない。この辺にも中国という国の広さを感じる。

広州は大都会ゆえに、ビルなどの建設ラッシュで地下鉄も年々本数を増やしているが、それら工事現場には多くの地方からの出稼ぎ労働者が携わっている。広州駅前は連日、地方出身者などでごった返していて、エネルギッシュでもある。

思えば昭和の時代、東京の地

「ごった返している」という
表現がぴったりくる人の多さ

下鉄工事を支えたのは農閑期の東北地方などから来た労働者であった。上野発奥羽本線経由青森行き急行「津軽」などは「出稼ぎ列車」といわれたものである。そういった時代を知る者にとっては、広州駅は異国の地であるにもかかわらず、どこか懐かしい光景に思える。

かつての上野アメヤ横丁がそうであったように、広州駅周辺でも、故郷の子供のお土産になるような玩具などが多く売られていた。

かつて秘境といわれた雲南にも鉄道近代化の波が押し寄せる

昆明駅（中国）

昆明は中国の中でも「西の高原にある観光地」といった位置付けで、近くには大理などの有名観光地も控えている。外国人観光客にとっても、昆明から南へ行けば少数民族の暮らす地域を経てベトナムのラオカイへと抜ける秘境ルートが形成されている。昆明駅周辺はいつも観光客であふれ、周辺は雲南特有の民族衣装など、他の中国主要都市とは違った特産品が多く売られている。

しかし、まだ高速鉄道こそ乗り入れていないものの、中国流の近代化の波は内陸の昆明にも押し寄せていることを感じる。駅は立派な巨大建築に生まれ変わり、高速鉄道も上海から長沙を経て昆明に至るルートが計画されていて、中国のインフラ建設はスピードが速いので、早晩完成する可能性もある。現在は丸1日以上かかる同区間も、高速鉄道ができると朝出発すれば夜到着するくらいになってしまうのかもしれない。

現在、中国では文化や風習が異なる西方地域において、現地の民族と漢族の摩擦が大きくなっている。その要因に、それまで時間を要した遠い地に鉄道などを整備した結果、北京や上海から簡単に来られるようになったという環境の変化もあるだろう。いかにうまく

鉄道駅の近代化は内陸でも進んでいる

「旅行超市」。「超市」とはスーパーマーケットのこと

インフラを整備するかも、中国のひとつの課題であるように思われる。

瀋陽駅（中国）

かつての満州に残る赤レンガ風の駅舎は東京駅がモデル

中国の主要都市では新しい駅が建設されているが、どの駅にも共通しているのは、巨大な空港のような近代的な駅で、地方色といった個性には乏しいことである。そんな中、駅舎が観光名所になっているのが中国東北部の瀋陽《シェンヤン》駅である。赤レンガの駅舎外観は東京駅丸の内駅舎にも共通する印象があるが、実は瀋陽駅は東京駅とは深い関わりがある。

瀋陽は日本でいうところの旧満州国にある。大連から瀋陽、長春《チャンチュン》を経て哈爾浜《ハルビン》までは当時、日本によって南満州鉄道が運営されたが、瀋陽駅は東京駅を模して建設されている。

南満州鉄道時代は、大阪〜大連《ダーリエン》間に航路があり、接続して大連〜哈爾浜間には超特急「あじあ号」が運転されていた。蒸気機関車による運転であったが、最高時速130キロと、日本の鉄道技術の粋を集めた列車であった。

赤レンガ風の駅舎は保存され、現在では瀋陽市の観光名所になっており、駅舎だけでなく周囲の街並みも赤レンガ風に合わせられ、周辺の街全体が観光スポットとなっている。ただし、入口だけは旧駅舎を保存してあるが、瀋陽は高速列車も含めて多くの列車が発着する鉄道の要衝であり、プラットホームや待合室のある部分は大きな空間を持つ。また、

東京駅丸の内駅舎を模して作られた

駅に入ると近代的な空間が待ち受けている

瀋陽ではこの瀋陽駅だけでは増加する旅客をさばくことができず、後に瀋陽北駅ができ、さらに現在は高速鉄道が主体の瀋陽南駅も建設中である。

香港と中国本土を結ぶ列車は「準国際便」として運行される

香港・ホンハム駅（中国）

香港は中国にとって一国二制度となる存在である。香港は長らくイギリス領であったが、1997年に中国に返還され、中国の中の特別行政区になった。返還されたといっても、現在でも中国本土と香港やマカオの間は自由に行き来できるわけではない。航空便も鉄道も「準国際便」扱いになっている。

香港〜広州（広州東駅）間には直通列車が多く運転され、所要2時間である。香港のホンハム駅にパスポートコントロールがあり、ホンハム駅を出ると、どこも停まらず広州東までノンストップ運転される。中国に返還されたといっても香港は特別な存在である。

ホンハムからは中国とのボーダーとなる羅湖《ローウー》や落馬洲《ロクマーチャウ》への近郊電車は頻繁に出ていて、終点駅から歩いて中国に渡る方法もあり、こちらは電車の本数が多いので、ボーダー部分は人の往来が絶えない。そして、中国側の都市が、発展著しい深圳《シェンチェン》である。同じ国になったとはいえ、中国では元が流通しているのに対し、香港は香港ドル、諸物価もかなり異なる。この違いが経済的な往来を盛んにしている。

近代的で旅情には乏しいが、中国本土への準国際列車が発着

香港の通勤路線の要でもあり、西への路線は地下ホームが起点

ホンハム駅は実質的には国際駅であるが、香港における中国への玄関駅はさらに大きく変わろうとしている。広州南駅から深圳北駅を経由し、高速鉄道が香港の西九龍駅に達しようとしているからで、開通すると香港（西九龍）～広州南間は1時間の距離となる予定だ。

世界で最も日本人に馴染みやすい

台北駅（台湾）

台湾の鉄道は、世界の鉄道の中で、日本人が最も馴染みやすいといえるだろう。鉄道施設の多くが日本統治時代に整備されたので、駅の作りや列車の走り方などが日本と酷似している部分が多いのである。駅には改札口があり、運賃は距離によって異なり、日本の特急、急行、普通に相当するような列車が走っている。中国のように列車＝長距離の乗り物ではなく、日本同様に通勤・通学などにも多く利用されている。中国のように切符を持っていないと駅の建物に入れないということもない。

高速鉄道があるものの、在来線と軌間が異なり、駅施設などもすべて別となっているのも日本同様である。その高速鉄道は日本技術による車両によって運転され、在来線でも日本製車

台北駅近くには商業施設やバスターミナルなどが集中している

両が多く運転されている。

台湾は日本でいえば九州ほどの面積で、中央部の山が険しいため、鉄道は海岸に沿うように島を一周している。台湾を鉄道で一周するのは九州一周とほぼ同じであり、台北《タイペイ》を起点に2泊3日もあれば台湾一周列車の旅が可能である。

言語は中国本土と同じ北京語であるが、日本人は筆談でも切符購入などは可能である。

台北駅は名実ともに台湾

の鉄道の拠点となる駅で、南の高雄《カオシュン》方面への列車も、東の花蓮《ファーリエン》方面への列車も、台北駅から利用する人が最も多い。しかし、高速鉄道を除くと、意外にも台北駅は列車の始発にはなっておらず、他の駅を始発として台北駅を通って目的地へ向かう。終着駅のイメージもなく、ホームは地下にあり、旅情などには乏しい。

回転寿司や「大戸屋」も

一方で台北駅には近年、もうひとつの役割というか顔を感じる。街の中心に位置し、地下鉄の接続駅でもあり、駅前にはバスターミナルもある。週末ともなると多くの若者やカップルで賑わう。駅の1階は大きな広場のようなスペースで、若者のたまり場と化す。

吹き抜けの2階部分には飲食店が並び「日式」の看板も目立つ。「日式」とは日本式の料理を出すという意味である。かといって日本人観光客用ではなく、台湾で日本式の食事が流行なのである。「大戸屋」も出店しており、台湾としては高めの値段設定にもかかわらず、いつも若者の行列が見られる。週末のデートなので、今日は大戸屋で贅沢《ぜいたく》をという気分なのであろう。駅には回転寿司や、日本の牛丼チェーン店があり、コンビニで売られている菓子パンの多くには「北海道」の文字がある。日本文化の溶け込んだ駅であった。

週末になると若者のたまり場となる

台湾は駅弁が普及した国である

台湾にもあった有名駅弁の店

池上駅（台湾）

台湾東部、花蓮と台東の中間くらいの場所に池上《チーシャン》駅という小さな駅がある。ここは台湾では「池上弁当」と呼ばれる美味しい駅弁があることで知られている。周辺は池上米と呼ばれる美味しいお米の産地なのである。「自強号」という特急列車も便によって停車するが、わずかな停車時間にホームでは弁当が飛ぶように売れている。

そこでこの駅に下車してみることにした。駅前にはこの弁当を作っている店があり、そこでいただくことも可能で、ホームで売られているのと同じ値段ながら店で買うとスープも付く。駅弁は台湾でも大人気で、店内は弁当を食べる客であふれていた。

駅弁はご飯の上におかずが載っている台湾の標準タイプで、ご飯におかずの味が染みていて美味である。しかし、台湾では台北駅など大きな駅を中心に、駅弁でも「日式」が洒落と人気になっているのも事実である。日本の幕の内弁当のように、ご飯とおかずが分かれていて、見た目も綺麗にしたものが、「日式」と書かれ、高い値段設定で高級弁当として売られるようになった。私としては、台湾の駅弁は今のままのほうが美味しく、あまり変わって欲しくないのだが……。

さすがに池上弁当の味はよく、
とくに生姜が絶妙だった

池上駅は何の変哲も
ない田舎の駅

駅周辺は台湾有数の
米の産地

日本各地とフェリーで結ばれる韓国の始発駅

釜山駅（韓国）

韓国を鉄道で旅するなら、この釜山《ブサン》駅を起点にしたい。費用と時間双方がかかるかもしれないが、大阪、下関、福岡からのフェリーを利用し、釜山港から韓国に入国、さらに釜山駅から鉄道でソウルなどを目指すというのは、旅情に満ちた旅ができるし、はるばるやってきたという気持ちになれる。福岡～釜山間には高速船もあるが、できればスローなフェリーにしたほうが、いっそう旅の臨場感が増すはずだ。

釜山港の国際線ターミナルから釜山駅までは地下鉄1号線でひと駅なので、フェリーから鉄道への連絡も容易である。しかし、釜山は港町旅情あふれる都市なので、ここで何日か滞在したいものである。

釜山駅にはソウル方面からのKTX（Korea Train eXpress）や在来線の列車が数多く乗り入れ、すべての列車がここで終点となる終着駅である。現在は近代的な駅舎となっているが、かつては、日本からこの釜山へやってくると、やはり、どこか大陸的な雰囲気を感じたものである。駅前には自家製の海苔巻きなどを売るおばちゃんがたくさんいたものだが、現在はすっかり姿を消してしまったようだ。しかし、駅前広場が広いという部分

韓国鉄道の旅は釜山駅を起点にしたい

釜山〜ソウル間は高速鉄道KTXで結ばれる

に現在でも大陸的な雰囲気の名残を感じることがある。

韓国の鉄道は日本以上に合理化が進んでいる

ソウル駅（韓国）

ソウル駅は韓国の鉄道路線の要である。南北に向かうコレイル（韓国鉄道公社）の路線、ＫＴＸ、空港鉄道、地下鉄路線などが乗り入れるターミナル駅である。「ソウル中央駅」などとは呼ばれておらず、首都の名前がそのまま駅名というのは日本の東京駅にも共通する。

しかし、駅の雰囲気は日本と似ているようで異なる部分も実は多い。高速鉄道を運行する半面、在来線の特急、急行に相当する列車も残されており、日本と違って庶民派の鉄道を感じる。運賃は平日と週末の額を区別するといった工夫もされている。意外にもヨーロッパ同様に改札口はなく、切符所持は乗客のモラルに任せる信用乗車システムである。車掌は主要列車すべてで指定席の販売状況が把握できる端末を携帯しており、さすがＩＴ先進国である。

なお韓国の長距離列車には日本の新幹線などと違って自由席がない。日本のような高額な改札機を全駅に

現在のソウル駅
正面玄関

設置するのは結局運賃に跳ね返ってくる。確かに韓国の諸物価は日本と変わらなくなったが、交通費は日本のほうが比較にならないほど高い。

一方で地下鉄などは改札機があり、駅員はいない。紙の切符はなく、1回の乗車であってもカードを作る必要がある。人がいないと不安であるが、ICカードのチャージなど、切符に関することは、地下鉄駅全駅にあるといっていいコンビニが対応している。元々は日本の鉄道を手本に発達した韓国の鉄道だが、合理化は日本以上に進んでいる。

旧駅舎も保存され、夜は
ライトアップされる

ソウル駅では高速鉄道 KTX や
在来線列車が同じホームに発着

第4章

アフリカ、オセアニア、アメリカ

トロント・ユニオン駅（カナダ）

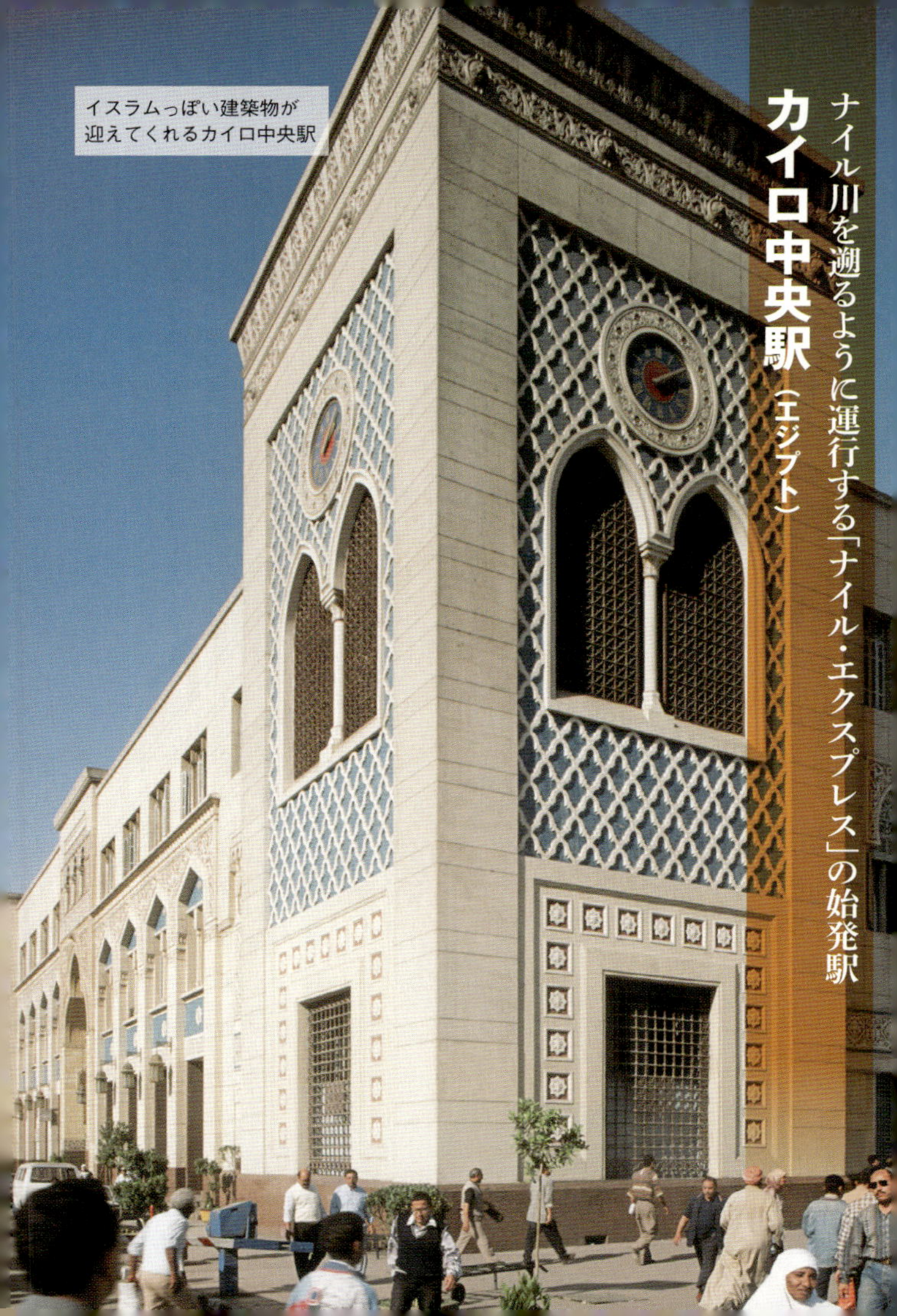

イスラムっぽい建築物が
迎えてくれるカイロ中央駅

カイロ中央駅（エジプト）

ナイル川を遡るように運行する「ナイル・エクスプレス」の始発駅

カイロ中央駅は別名ラムセス駅と呼ばれる。ラムセスとは古代エジプトでアブシンベル神殿などを築いたラムセス2世のことである。空港に偉人の名を付けることは多いが、鉄道駅に偉人名が付いている例は意外に少なく、古代文明が栄えたエジプトならではと感じる。

この駅が外国人観光客で賑わうのは夕方から夜にかけてである。カイロから南へナイル川を遡った観光地、ルクソールやアスワンへ向かう、通称「ナイル・エクスプレス」が30分間隔で3本出発するからである。ルクソールまでは700キロ近く、アスワンまでは900キロ近くあり、寝台専用夜行列車が運行されているのである。これらの列車には食堂車やラウンジカーも連結されている。寝台車両も多くは1等個室寝台で、さながら外国人観光客専用といった趣だ。日本では寝台特急がほとんど姿を消してしまったので、エジプトで寝台車体験というのはいかがだろう。

エジプトにとって不幸だったのは、近年の民主化運動の騒動から、観光客が減ってしまったことだが、長らく運休していたエジプト航空の日本便は2015年には再開される。騒動が落ち着いて観光客が多く戻ってくることを願いたい。

アフリカ北西部サハラを行く鉄道

カサブランカ・ボワヤジュール駅（モロッコ）

スペイン南部のアルヘシラスはジブラルタル海峡の先端に近い港町で、ヨーロッパ大陸とアフリカ大陸が最も接近している部分のヨーロッパ側である。ここからフェリーで2時間、対岸のアフリカ大陸はモロッコのタンジェという街に渡ることができる。

アルヘシラスはスペイン南部の田舎町といった風情で、駅前には闘牛が行われる日付を明示したカレンダーが掲げられ、いかにもスペインといった雰囲気の街である。しかし、そこからフェリーで2時間のタンジェはスペインとはまったく異なる空気が支配し、そこはまさしくアフリカ大陸であることを感じさせる。アルヘシラス駅前の「マクドナルド」にはスペインのメニューとしてガスパチョがあったが、タンジェの港周辺のお店にはタジン鍋が並べられている。繁華街を流れる音楽も明らかにアフリカのリズムである。

カサブランカでは駅も白い建築物であった

こんなタンジェからの列車はモロッコ最大の都市カサブランカに通じている。カサブランカとはスペイン語で「白い家」という意味で、街全体に白い建物が多い。地中海沿いには白い建物が多いので、それがさしたる特徴とはいえないが、モロッコの観光都市にマラケシュがあり、こちらは赤い家が多く「赤い街」とたとえられるので、カサブランカはマラケシュと対比して白い家の街といわれる。

カサブランカのボワヤジュ

ール駅は終着駅スタイルではなく、南のマラケシュからの列車はカサブランカを経て東の首都ラバト、そしてフェズなどへ達するルート上にある。しかし、カサブランカはモロッコ経済の中心地なので、利用者が多く乗降するモロッコ最大の駅であることは間違いない。

アフリカ初の高速鉄道の開業も予定されている

モロッコはアフリカの中では鉄道の発達した国で、フランス技術によって多くの路線が電化され、フランス製の機関車やお洒落な客車が運行されている。都市近郊には2階建て電車も走るほか、アフリカ初の高速鉄道の開業も予定されている。数は少ないが日本製機関車も活躍する。鉄道の近代化が進んでいる国であり、観光にも鉄道利用が便利である。

しかし、近代化が進み過ぎて味気ない部分もある。それは鉄道の切符が、コンビニのレシートのような形状で、味も素っ気もないことだ。これでは記念にも何にもならない。

鉄道駅や車両はヨーロッパにいるのと錯覚するくらいにフランスなどに似た設備になっている。しかし、乗客の顔つき、女性のファッションなどはアフリカであり、アラブである。その組み合わせが何ともエキゾチックな雰囲気を醸し出している。

モロッコの鉄道はアフリカで最も近代化が進み、主要路線は電化している

黄昏時、いかにもモロッコといったデザインの客車でフェズへ

現在は治安の悪化で旅行者が近寄れない！
ヨハネスブルグ駅
（南アフリカ）
ヨハネスブルグ駅は、この国の鉄道の要となる駅であったが……

安全だった頃のヨハネスブルグ駅前。SLが飾られていた

南アフリカ共和国は、1994年までアパルトヘイト（人種隔離政策）を行っていた。当時のヨハネスブルグ近郊電車は4両編成が基本であったが、うち1両が白人車両、3両が有色人種車両と、肌の色で乗る車両が決められていた。駅の出入口も、東口、西口ではなく、白人口と有色人種口で分けられ、後者は粗末なものであった。

私がヨハネスブルグを訪ねたのはアパルトヘイトが廃止されて間もなくで、当時の治安は良好であった。電車の設備は白人用、有色人種用が1等、2等に改められていた。しかし、その後は治安が悪化、有色人種が1等車に乗るようになり、白人は電車を利用できなくなったという。

現在は駅周辺の治安が悪く、一般旅行者は危なくて近寄れないらしい。日本の外務省でも、可能な限り公共交通機関の利用を避けるよう呼びかけており、これではこの国に行く意味がない。南アフリカ共和国では首都プレトリアとケープタウンを結ぶ豪華列車が有名であるが、現在は治安の問題から、この国最大であるヨハネスブルグ駅は通過の処置がとられているほどだ。この街に、以前のような秩序ある治安が戻ることを切に願う。

列車本数は少なく、主要都市間でも1日2往復

シドニー中央駅（オーストラリア）

手前は80周年記念で走ったヴィンテージバス

シドニー中央駅は、オーストラリアのニューサウスウエールズ州シドニーにある、鉄道の拠点となる駅である。オーストラリアはイギリス連邦王国の一国であり、遠く離れたイギリスとの結びつきが強く、駅や鉄道もイギリスの影響が強い。この国を長期で旅行しているイギリス人はことのほか多く、イギリスでリタイアした層などは、寒い本国の冬を避けて、冬季は南半球のオーストラリアで過ごすという人も多いのだ。

シドニー中央駅もヨーロッパに多い終着駅スタイルで、ホームは立派な大屋根に囲われ、多くのプラットホームを有している。立派な施設を有し、オーストラリアの鉄道の拠点となるので、さぞかし多くの長距離列車が発着し、さまざまな列車が見られるかのような印象もあるが、発着する列車の多くはシドニー近郊へ向かう列車で、意外にも長距離列車は少ない。

その例を記してみると、メルボルン行きは昼行と夜行がそれぞれ1本ずつ、ブリスベン行きも同様に昼行と夜行が1本ずつあるのみである。これらの都市へは朝の便を逃すと夜までない。日本の新幹線のように、駅に行って次の列車の切符を買ってすぐ乗車などということはできず、前もって予約しておく必要がある。

インド洋側まで運行する「インディアン・パシフィック」の始発駅

オーストラリアの列車というと、東海岸のシドニーから西海岸のパースまでを3泊4日かけて運行する「インディアン・パシフィック」(太平洋側からインド洋側へ運行するのでこの名が付いた)が有名であるが、この列車は知名度が高いものの、本数は少なく、季節によって週1便か2便の運行なのである。

この状況からすると、国内の基幹交通機関は長距離バスかとも思われるが、バスも決して本数は多くなく、国内移動の主役は航空機である。国土が広く、鉄道やバスでは時間がかかってしまうのである。また、航空機が主役といっても航空機だけではすべての都市をカバーできないように思われるが、そもそも都市が少ないという事情もある。日本でいえば東京~大阪間に静岡、名古屋、岐阜、京都などさまざまな都市があるが、オーストラリアでは、二大都市のシドニー~メルボルン間にはほとんど街がない。

そのため、航空機が国内移動の主役とは記したものの、イギリス系の格安航空会社が参入した結果、国内大手航空会社のうちの1社が倒産に追い込まれた過去があり、詰まる所、国土は広いが人は少ない、ということを示している。

構内はアーチ型の大屋根に
覆われている

パースまでを３泊４日で運行する
「インディアン・パシフィック」

圧倒的な存在感があるエドワーズ王朝風駅舎

メルボルン・フリンダースストリート駅（オーストラリア）

メルボルンはオーストラリアのヴィクトリア州の都市である。オーストラリア最大の都市はシドニー、第2の都市がメルボルンで、ライバル意識が強い2都市だといわれる。日本でも野球の巨人・阪神戦などは盛り上がるが、オーストラリアでもこの2都市が対決するスポーツ（サッカー、ラグビー、クリケットなど）では、かなり白熱するらしい。

やはりオーストラリアは連邦制の国なので、その辺りは日本との違いを感じる。簡単に記すと、日本の場合はまず「日本」という国ありきで、その中に都道府県がある。しかし、オーストラリアでは、まずニューサウスウエールズ、ヴィクトリアといった州ありきで、それが集まってオーストラリアという国にたまたまなっているという感覚で

夜はライトアップされ、見事な姿が浮かび上がる

ある。そして、このことを知っておくと、オーストラリアの鉄道は理解しやすい。

オーストラリアの鉄道は州ごとの運行で、現在の鉄道会社は民営化されているが、鉄道施設のほとんどは州が保有している。そのためシドニーの駅とメルボルンの駅双方で見られる列車は、シドニー中央駅の項で紹介したシドニー～メルボルン間の1日2往復の列車のみで、他の列車はすべて異なる。つまり、同じ国でありながら、シドニーの駅とメルボルンの駅では、見られる車両の形やデザインはほとんど違うと思っていいのだ。

メルボルンを訪れる観光客が必ず立ち寄る駅

メルボルンを代表する駅は大きく2カ所あり、ひとつがサザンクロス駅（旧スペンサーストリート駅）で、ここにはシドニー行きをはじめ長距離列車も発着する。そしてもうひとつが街の中心にあり、街のランドマークにもなっているこのフリンダースストリート駅である。

東ヨーロッパのお城を思わせるような立派な建築物で、都市交通の中心であるとともに、メルボルンを訪れた観光客は、列車に乗る用がなくても必ず立ち寄る名所である。朝は通勤客で、夕方も待ち合わせをする人たちなどで終日混み合っていて、ショッピング街も充実している。

駅前には2本の大きな通りが交差し、路面電車が行き交う。駅の裏にはヤラ川が流れており、リバークルーズの船もある。駅舎は夜にはライトアップされ、こちらも見応えがある。メルボルン市内で最も華やかな一角にある駅だと思っていいだろう。ただし前述の通

メルボルンは路面電車網が
世界有数を誇る都市でもある

街の中心にあるので利
用者の多くは通勤客

り、長距離列車はサザンクロス駅発着なので、ここを発着するのは近郊列車が主役となり、車両的には同じ電車ばかりがやってくるといった印象である。

レトロな編成の客車で運行する観光列車が人気

ケアンズ駅（オーストラリア）

ケアンズはオーストラリア北部クイーンズランド州にあり、日本から最も近い位置にあるオーストラリアの都市である。リゾート地でもあることから日本からは多くの直行便が飛んでいる。日本の夏季はオーストラリアの冬季となるが、ケアンズは北に位置しているため、冬季でも寒くならないという特徴もある。

ケアンズはオーストラリアの中でもかなり北に位置しているため、他の州にまたがる列車はない。クイーンズランド州の中心的な都市となるブリスベン行きがケアンズ発のメインの列車で、「スピリット・オブ・クイーンズランド」や「サンランダー」といった列車が丸1日かけて運行する。

しかし、ケアンズ駅はオーストラリアの駅では日本人が最も利用している駅である。ケアンズ駅からはキュランダへ観光鉄道が出ていて、日帰り観光の地として人気である。ツアー客などもオプショナルツアーで多く利用している。列車はディーゼル機関車重連の引く10両ほどのレトロな客車で、鉄道ファンにとっても見応えがあり、その列車がキュランダ高原へと登っていくのである。日本

キュランダ観光鉄道の起点でもあるケアンズ駅

キュランダ観光鉄道はレトロで格調高そうな車両で運行

の観光列車はせいぜい4両編成程度の列車なので、鉄道ファンならキュランダ観光鉄道に乗るだけでもケアンズへ行く価値はあると記しておこう。

ニュージーランドの首都の玄関口だが、発着するのは近郊列車が主体

ウェリントン駅（ニュージーランド）

ニュージーランドはふたつの島から成る。北島の北部に経済の中心で空の玄関でもあるオークランドがあり、北島の南部に首都ウェリントン、そして南島には観光の拠点となるクライストチャーチや湖に面したリゾート地クイーンズタウンがある。ウェリントンは首都でありながら、日本との直行便がないので、あまり知られていない。

しかし、ニュージーランドで最も鉄道駅らしい駅があるのがウェリントンである。ヨーロッパを思わせる終着駅スタイルで、近郊列車が頻繁に発着していて地元民の足となっている。長距離列車はオークランドへの「ノーザン・エクスプロラー」が1日1往復あるのみである。この国では鉄道は観光列車が全土で1日数往復あるのみで、鉄道は交通機関としての役割がほとんどなくなっている。オークランドやクライストチャーチの駅には、1日1～2本の列車がやってくるのみとなってしまった。

また、ウェリントン駅のすぐそばにはフェリーの港があり、南島のピクトンへのフェリー航路がある。列

立派な構えのウェリントン駅

南島のピクトンへは
大型フェリーも運航

車は1日1往復しかないが、フェリーから列車を乗り継いでクライストチャーチに達することは可能である。

自動車社会の都市で孤軍奮闘する鉄道駅

ロサンゼルス・ユニオン駅（アメリカ）

ロサンゼルスのユニオン駅はダウンタウンのはずれ、リトル・トーキョーのそばに位置している。2本の地下鉄とLRT（Light Rail Transit）の始発駅にもなっているので、ロサンゼルスの交通の要衝に感じるが、多くの人で混み合っているという雰囲気ではない。ロサンゼルスはアメリカ第2の都市だというのに、鉄道は交通機関の主役ではまったくないのだ。地下鉄やLRT利用者の多くも移民が占めている。

ロサンゼルスは自動車社会アメリカを象徴するような街であるため、自動車での移動が当たり前で、観光客であってもレンタカーなどを利用するのがポピュラーというか、公共交通では行けるところが限られるというのが正直なところである。

では、ユニオン駅からはどんな列車があるかというと、大きく分けて3種類だ。まず、シカゴ行きなどの長距離列車は移動手段ではなく、列車の旅を楽し

アメリカ第2の都市の鉄道駅としてはこぢんまりしている

むためにあり、飛行機より運賃はずっと割高となる。

次に、実用的な都市間列車としてサンディエゴ行きがある。これらはアムトラック（全米鉄道旅客公社）が運行する。

最後が通勤列車である。といっても日本とは趣が違い、2階建て車両だがラッシュ時でも全員が着席するくらいの混雑具合である。近年はアメリカでも通勤用の鉄道が多くなったが、利用者の多くはパーク&ライドのシステムを利用している。

サンディエゴ・サンタフェ駅（アメリカ）

「サンタフェ」は遠く離れたニューメキシコ州の地名を指す

サンディエゴはアメリカのカリフォルニア州南部、メキシコとの国境の近くに位置する。アメリカ海軍や海兵隊の基地がある街としても知られているが、かといって物々しい警備の街ではなく、停泊する空母などを海上から見学する遊覧船があるくらいの観光都市でもある。

サンディエゴの鉄道駅は「サンタフェ駅」と呼ばれるが、これはサンディエゴのサンタフェ地区にあるという意味ではない。ここでアメリカの鉄道の概要を少し述べておこう。

アメリカの鉄道は開拓時代に発達し、それは地域の有力者が始めるなどした私鉄によっていた。そして有力な私鉄にサンタフェ鉄道があり、サンディエゴの駅はサンタフェ鉄道の駅であったのだ。我々の身近でいえば、さしずめ「京成上野」「近鉄名古屋」のような感覚であろうか。また、サンタフェとはニューメキシコ州の州都の街で、サンタフェ鉄道は当初カンザスからそこを目指していたための名称であった。サンタフェ鉄道は大きな鉄道会社であったが、やはり有力な鉄道会社のバーリントン・ノ

ロサンゼルスからアムトラックで約３時間、サンディエゴ・サンタフェ駅に到着

ーザン鉄道と合併して、現在はバーリントン・ノーザン・サンタフェ鉄道となっている。アメリカでは大手航空会社の統廃合が盛んであるが、鉄道会社とて例外ではないのだ。

そして、現在の鉄道は国内交通の主役にはなっておらず、それら鉄道会社は貨物輸送のみを行うようになった。アメリカでは現在でも貨物輸送には鉄道が重要な役割を果たしている。そのため、アメリカに国鉄はなく、線路を保有している多くは貨物鉄道会社で、アムトラックはその線路に使用料を払って旅客鉄道を走らせている。「アムトラックはよく遅れる」という話も聞かれるが、その遅れの原因としては、単線で行き違い設備が少なく、さらに貨物列車が優先されているためだ。

通勤列車の終電が19時台!

その貨物鉄道会社が保有する線路の大都市近郊部分には通勤列車も運行している。こちらは関係する都市が運行する公営交通という形態が多い。ただし、通勤列車といっても日本の通勤列車を想像してはいけない。サンディエゴを例にすると、平日の朝のラッシュ時でも30~40分間隔の運行で、終電が19時台。週末は何と1日4往復しか運転されない。これでもアメリカの通勤鉄道の標準的なスタイルで、テキサス州にはズバリ、週末は運休となる通勤鉄道さえ存在する。やはり、アメリカの交通は自動車が基本なのである。

サンタフェ駅には真っ赤な路面電車の発着もあり、メキシコ国境のサンイーサイドロに達し、徒歩で国境を越えてメキシコ側の街ティワナに入ることができる。メキシコに入ると荒涼とした大地となり、太陽はさらに強烈に、空気はさらに乾燥しているように感じた。街の表示はすべてスペイン語となり、道沿いにはタコスを売る店が並んでいた。

サンディエゴ近郊への通勤列車は
２階建て車両。通勤といっても全
員が着席できる

メキシコ国境へは赤い
電車が運行する

アメリカでは「鉄道の街」といわれるシカゴ

シカゴ・ユニオン駅（アメリカ）

シカゴはイリノイ州にあり、五大湖のひとつであるミシガン湖に面する都市で、ニューヨーク、ロサンゼルスに次ぐアメリカ第3の都市である。

シカゴは、アメリカの中では鉄道の発達した街である。アムトラックの長距離列車がロサンゼルス、ニューヨーク、ニューオリンズなどに向かい、メトラという通勤鉄道が郊外の街とを結んでいる。このほかサウスショアー線というミシガン湖に沿う鉄道があり、隣のインディアナ州の都市との間を結んでいる。しかもアメリカでは珍しく電化された路線である。

市内にはシカゴ市交通局が運行する地下鉄と高架鉄道があり、ニューヨークの地下鉄とともに、世界でも珍しい24時間運行を行っている。サンディエゴ・サンタフェ駅の項では、「通勤鉄道の終電が19時台」と記したが、同じアメリカでもこのように地下鉄が24時間運行を行っている例もあり、アメリカの都市鉄道、通勤鉄道は交通機関の中に占めるポジションが都市によってかなり異なる。

荘厳な感じすらするユニオン駅のグレートホール

シカゴ・ユニオン駅からは、シカゴを発着するすべてのアムトラックの列車と、多くのメトラの列車が発着する。ただし、プラットホームはビルの下にあるので、長距離列車での旅立ちといった旅情は希薄である。

アメリカの都市間移動手段は航空機がとって代わったわけだが、空路が発達する以前のユニオン駅は1日10万人の利用者があったといい、駅内部の大待合室「グレートホール」はその頃の賑わいを偲ぶのに充分な存在感がある。当時のアメリカは鉄道先進国で、数多くの名車も生んでいる。

「アーセラ・エクスプレス」も発着する格調高い首都の玄関

ワシントン・ユニオン駅（アメリカ）

アメリカの首都ワシントンの鉄道駅である。アメリカで鉄道が発達しない理由として、主要都市の間が離れていて、鉄道では時間を要してしまうという事情がある。たとえば、ニューヨーク〜シカゴ間の距離は東京〜ソウル間に相当する。東京〜大阪間程度の、ほどよい近さの都市がアメリカには少ないのである。

こんなアメリカで鉄道が活躍できる数少ない区間のひとつが、東回廊と呼ばれるボストン〜ニューヨーク〜フィラデルフィア〜ボルティモア〜ワシントン間である。ニューヨーク〜ワシントン間の距離は361キロで、鉄道のスピードが速ければ航空機に十分対抗することができる。

この間には高速鉄道「アーセラ・エクスプレス」という特急に相当する列車と、「ノースイースト・リージョナル」という急行に相当する列車が運行され

首都の鉄道の玄関に相応しい風格。
アムトラック本社もここにある

るが、「アーセラ・エクスプレス」は航空機を意識してかファーストクラスとビジネスクラスのみで編成されている。

ワシントン・ユニオン駅は首都の駅だけあり、格調高い石造りの立派なもので、街はずれやビルの中にあることが多いアメリカのほかの鉄道駅とは差別化が図られている気がし、街の中にある。内部もアーチ状の天井は一見の価値があり、柱のない大きな空間を提供している。

ニューヨーク・グランドセントラル駅（アメリカ）

ニューヨーカーが行き交うオフィス街へのターミナル駅

パークアベニューと42丁目通りが交差する、ニューヨークの最も華やかな場所に位置する。かつてのパンナムビル（倒産したパンアメリカン航空）だったメットライフビルのたもとにあり、連日マンハッタンへ出勤するビジネスマンで混雑している。いかにも近代ニューヨークを思わせる石造りの荘厳な駅舎建築で、床は大理石。足早に歩くビジネスマンの革靴の靴音が反響し、独特の雰囲気というか、これぞニューヨークといった駅である。

しかし、この駅にはアムトラックなどの長距離列車は発着せず、ホームはすべて地下、駅として絵になるのはコンコースのみで、プラットホームは薄暗い雰囲気だ。発着するのはメトロノース通勤鉄道の列車のみ、この通称「メトロノース」はメトロポリタン（ニューヨーク中心街を指す）の北側を行く通勤鉄道ということで、ニューヨ

出勤・退勤時はマンハッタンで働くニューヨーカーで賑わう

ーク北部の住宅地に住むビジネスマンがマンハッタンに通勤するための鉄道である。

通勤鉄道が定着しているので、サンディエゴの項で述べたような「終電が19時台」などということもない。地下鉄が24時間運行なので、メトロノースの列車も、日本よりむしろ深夜まで運転を行っている。

ちなみに、ニューヨークでアムトラックをはじめ長距離列車などが発着するのは、グランド・セントラル駅から8ブロック南、34丁目にあるペン駅である。こちらもプラットホームは地下にある。ペン駅の「ペン」とはペンシルバニア鉄道の駅だったことを意味していて、サンディエゴの項で述べた「サンタフェ」と同じ意味となる。

車社会のアメリカの中でニューヨークは別格

都市における鉄道の活躍ぶりという点でいうと、ニューヨークはアメリカの中では特異な都市である。アメリカの都市はロサンゼルスに代表されるように、完全に車社会で、移動は基本的に自家用車であり、鉄道や路線バスは自家用車を持てない層や、おもに移民などが利用するものと位置付けられている。そして、近年アメリカ各地で通勤鉄道が走るようになったのは、クリーンなエネルギーの交通機関を増やし、地球温暖化対策に取り組んでいますという象徴の部分もある。

しかし、ニューヨークとシカゴの地下鉄は24時間運行するなど、都市交通として大きな役割を果たしている。とくにニューヨークの地下鉄は、ネットワークが充実していて、需要の多い路線は複々線を普通と急行が別の線路を走るなど、鉄道としての完成度が高い。

大時計はティファニー製

42丁目通りに面しており、ニューヨークの中心部に位置する

バンクーバーから4泊5日、「カナディアン号」の終着駅

トロント・ユニオン駅（カナダ）

トロントはカナダ東部オンタリオ州、五大湖のひとつオンタリオ湖に面するカナダ最大の都市である。カナダ東部の都市というと、首都オタワや、フランス語圏でフランス系の人が多く住むモントリオールもあるが、トロントは英語圏であるほか、中華系の人が多く住むことでも知られる国際都市である。北米という括りで見ても、ニューヨーク、ロサンゼルス、シカゴに次ぐ4番目の大都市である。

ユニオン駅はオンタリオ湖に近い街の中心にある。残念ながらプラットホームはビルの下にあるので薄暗く旅情には欠ける。カナダの旅客鉄道はＶＩＡレールという、アメリカでいうアムトラックのような機関が運行する。やはり国土が広いだけに、アメリカやオーストラリア同様に鉄道は交通機関としての役割が低い。カナダでは「コリドー」（回廊の意）と呼ばれるトロント～モントリオール間は約５４０キロで東京～大阪間に相当するが、１日の列車本数は平日でも10本に満たない。

しかし、実用的にではなく、旅という観点から乗ってみたくなる列車はある。ニューヨークへは、ナイアガラの滝にも近いバッファローを経由し、丸１日かけて運行する「メー

手前が駅舎、近くには長らく世界一の高さを誇ったCNタワーもある

プルリーフ」があり、バンクーバーへは約4500キロを4泊5日かけて運行する「カナディアン号」が有名である。「カナディアン号」はドームカー（展望車）を連結するなど完全な観光列車で、運賃は空を飛ぶよりずっと高額であるが、観光シーズンには予約が難しくなるほどの人気である。

長距離列車は少ないが、通勤列車が多く発着

鉄道の衰退が著しい中南米で奮闘

メキシコシティ・ブエナビスタ駅（メキシコ）

スペイン語で「ブエナビスタ」。何と心地いい言葉であろうか。ブエナは「良い」、ビスタは「眺め」という意味で、ブエナビスタは「いい景色」ということになる。

20年以上前の話になるが、私はこの駅から寝台車に乗り613キロ、メキシコ第2の都市グアダラハラに向かった。食堂車が連結されていて、乗客には無料で食事が提供されるので、発車前から食堂車が大混雑で「楽しい国だな」と感じたものである。

ところが、20年後にこの駅を訪ねてみると、建物は立派にはなったものの寝台車はもとより、長距離列車はすべて廃止されていた。というか当時あったメキシコ国鉄そのものがなく、メキシコで鉄道というと、都市近郊列車、地下鉄、一部の観光列車くらいしかない状態であった。小国ならまだしも、日本よりずっと面積が広い国なのに、それでいて陸上交通機関がバスだけというのは何とも寂しい。アメリカとほぼ同じで、線路

現在は近郊列車専用の駅になった

は残っているものの鉄道は貨物輸送のためで、アメリカにはアムトラックがあるからいいものの、メキシコではそれに相当するものもないのである。

ブエナビスタ駅にはスペイン製の近郊列車が発着するのみで、通勤客などで賑わってはいたが、かつての旅情を感じる駅ではなくなっていた。以前と変わっていないのは駅前に鎮座している蒸気機関車のみであった。

しかし、実はこういった傾向はメキシコに限ったわけではない。本書ではほかの中南米の駅を取り上げていないが、鉄道そのものがほとんど機能しなくなっているという実態がある。私はかつてブラジルでもリオデジャネイロからサンパウロまで寝台車を利用した経験があるが、現在その路線はない。細長い国土のチリでも鉄道が南北に長い国土を縦走していたが、現在はわずかな区間を残すのみである。

日本ではかつて国鉄が民営化された際、すでに鉄道が発達しており、高速鉄道などが整備されていたことなどから現在も鉄道が活躍しているが、鉄道の近代化が遅れていた国では、鉄道が生き残れなかったのである。

駅前のSLは20年前と同じ姿で保存されていた

ブエナビスタ駅を発着するのはスペイン製近郊列車のみ

写真提供

[株式会社アマナイメージズ]
P9, P10, P17, P19(上), P21, P23, P25, P33, P35, P37(上), P47, P49(上), P54, P59(上), P61, P65(下), P67(上), P73, P77(上), P79, P81, P87, P89, P115, P121, P123, P124(上), P125, P131, P139, P141, P151, P161, P165, P167, P169, P171(下), P177, P178, P187, P190, P193, P195(上), P211(上), P227(上), P231, P232, P235, P238, P240, P243(上), P245, P247, P253, P255, P259, P261, P265(下), P267(上)

[著者]
P13, P15, P19(下), P27, P29, P31, P37(下), P39, P41, P42, P43, P45, P49(下), P51, P53, P57, P59(下), P63, P65(上), P67(下), P69, P71, P75, P77(下), P80, P83, P85, P91, P93, P95, P97, P99, P101, P103, P105, P107, P109, P111, P113, P117, P119, P124(下), P127, P129, P133, P135, P137, P143, P145, P147, P149, P153, P155, P157, P159, P163, P171(上), P173, P175, P180, P181, P183, P185, P189, P195(下), P197, P199, P201, P203, P205, P207, P209, P211(下), P213, P215, P217, P219, P221, P223, P225, P227(下), P229, P230, P237, P239, P243(下), P249, P251, P257, P263, P265(上), P267(下), P269, P270

各種データは2015年2月のものであり、今後変動する可能性がございます。
本書は当文庫のための書き下ろしです。

谷川一巳 たにがわ・ひとみ
1958年、横浜市生まれ。日本大学卒業。旅行会社勤務を経てフリーライターに。雑誌、書籍で世界の公共交通機関や旅行に関する執筆を行う。世界約50カ国の鉄道に乗車した。著書に『割引切符でめぐるローカル線の旅』『鉄道で楽しむアジアの旅』(平凡社)、『空港まで1時間は遠すぎる!?』『こんなに違う通勤電車』(交通新聞社)、『ローカル線ひとり旅』(光文社)、『バスを良く知る基礎知識』(イカロス出版)などがある。

ビジュアルだいわ文庫

世界《せかい》の駅《えき》に行《い》ってみる

著者 谷川一巳《たにがわひとみ》
copyright ©2015 Hitomi Tanigawa, Printed in Japan
2015年4月15日第一刷発行

発行者 佐藤 靖
発行所 大和《だいわ》書房
東京都文京区関口1-33-4 〒112-0014
電話03-3203-4511
装幀者 福田和雄(FUKUDA DESIGN)
本文デザイン DTP 朝日メディアインターナショナル
本文印刷 歩プロセス
カバー印刷 歩プロセス
製本 ナショナル製本

ISBN978-4-479-30533-0
乱丁本・落丁本はお取り替えいたします。
http://www.daiwashobo.co.jp/